김성화 지음

나는 이렇게 예수를 믿게 되었다

성광문화사

나는 이렇게
예수를 믿게 되었다

김 성 화 지음

성광문화사

차 례

나는 이렇게 예수를 믿게 되었다 ……………………………… 9
불교 교리의 허구성과 기독교의 진리 …………………… 17
- 기독교의 효와 불교의 효 / 19
- 사람 잡는 어부와 살리는 어부 / 24
- 엘리야와 석가의 3년 6개월 / 29
- 불교의 49제와 기독교의 부활 / 33
- 진실한 용서 / 39
- 불교 교리의 허구성 / 44
- 궁자와 탕자 / 49
- 정토와 옥토 / 54
- 죽음 앞에서의 두 사형수 / 57
- 마음에 대하여 / 62
- 섬기는 자 섬김을 받는 자 / 68
- 여성들에게 주는 가르침 / 74
- 물의 교훈을 생각한다 / 80
- 룸비니와 베들레헴 / 83
- 달마의 법복과 엘리야의 겉옷 / 89
- 지극히 큰 것과 가장 작은 것 / 94
- 영원한 생명의 길 / 98
- 예수님과 석가모니의 시작 / 101
- 무념, 무아와 자기 부정 / 104
- 대기교와 지혜의 근원 / 107
- 삼천배와 일천번제 / 110
- 봄을 맞는 인생 / 113
- 석가모니와 예수의 시험 / 116

- 진리와 자유에 대하여 / 119
- 진심이 있는 곳 / 122
- 여인과 불(火) / 125
- 손으로 표현하는 글씨 / 128
- 가정에 대한 교훈 / 130
- 견성과 소금비유 / 133
- 초대에 대하여 / 136
- 무심과 어린이 마음 / 139
- 굶주림에 대한 교훈 / 142
- 고향을 찾은 석가와 예수 / 145
- 결혼에 대한 교훈 / 148
- 인생지락 / 151
- 기도하는 마음 / 154
- 우주관에 대하여 / 159
- 오늘에 대한 교훈 / 161
- 법화경과 신약성경 / 164
- 재난에 대한 교훈 / 167
- 우리의 몸이 성한 것은 하나님의 은혜 / 170

〈연작소설〉 별처럼 모래알처럼 ·················· 175

제 1 화 • 누워있는 파아란 나무 / 177
제 2 화 • 반딧불 교실 / 183
제 3 화 • 밤손님 / 187
제 4 화 • 방울스님과 호떡 권사님 / 195
제 5 화 • 과부 보건진료소 소장 / 200
제 6 화 • 어느 바보 집사님 / 206
제 7 화 • 오늘의 순애보 / 212
제 8 화 • 파도위에 떨어지는 눈물 / 218
제 9 화 • 흐르는 아기별 / 224
제10 화 • 어머니 찬가 / 229

나는 이렇게 예수를 믿게 되었다

대구에서 영천으로 20 킬로미터 정도 가면 하양읍(河陽邑)이 나온다. 여기가 산지수려하고 물좋은 나의 고향이다.

병풍처럼 우뚝 서 있는 무학산을 뒤로 하고 늘 파아란 물줄기를 넘실거리는 금호강이 마을을 가로 질러 언제나 포근함을 안겨 주고 있었다.

나의 아버님은 영천 죽림사(竹林寺)의 주지셨다. 형님은 영천 은해사에 있는 오산 불교학교에 다니고 있었고 어머니와 나, 동생은 하양의 넓은 집에서 생활했다.

나는 어렸을 때부터 아침 저녁 독경(불경, 염불을 외우는 것)과 범종(절에서 예불 때 치는 종) 소리를 들으며 성장했다.

달 밝은 밤, 아버지와 스님들, 우리 가족들은 탑돌이를 하면서 염불을 외우면 나는 아무 뜻도 모르면서 합장하고 뒤를 좇아 돌았다. 식구는 적지만 단란했던 우리 가정이었다. 그런데 이런 우리 가정에 서서히 먹구름이 덮히기 시작했다.

어머니가 막내를 낳으면서 산후조리를 잘못해 병이 드신 것이다. 어머니는 하양에서 대구 동산병원까지 택시를 타고 다니시며 치료를 받으셨고 집의 사랑채에는 한의사가 끊일 날이 없었다.

그러나 어머니는 가산만 탕진한 채 유명을 달리 하셨다. 거기에다 해방 직후라 토지 개혁이 실시되어 우리집의 가세는 놀랍도록 기울어 그런데 우리의 불행은 여기서 끝나지 않았다. 어머니가 가신 지 얼마 지나지 않아 아버님이 점심 식사를 하시다 갑자기 피를 토하며 말씀 한 마디 없이 돌아 가신 것이다. 너무나 갑자기 당한 일이라 어린 나이의 나는 정신을 차릴 수 없었다.

그럭저럭 장례를 치르고 형은 공부를 계속하기 위해 대구로 가 버리셨고 천애 고아가 되어버린 나와 동생은 평소 아버님과 친분이 있으셨던 스님들이 각기 사미승으로 거두어 주셨다.

당시 국민학교 3학년이던 내가 무엇을 알 수 있을까 — 인간의 삶이 무엇인지 고행이 무엇인지 아무것도 모르면서 남의 손에 이끌리어 고된 수행(修行)의 길에 들어선 것이다.

사미승의 하루 일과는 혹독하도록 고달팠다. 새벽 3시에 일어나 다기(茶器)에 물을 붓고 법당에 향을 꽂으면 아침 예불이 시작된다. 이렇게 시작된 일과는 청소, 잔심부름, 공양준비, 염불, 불교의식 등을 하다 보면 눈깜짝할 사이에 지나갔다.

그리고 한끼에 한 홉씩 하루 세 홉의 쌀로 밥을 지어먹는데 한창 커가는 나로서는 배고픔도 참기 힘든 문제였다. 그리고 부모님과 형제들의 생각이 날 때면 남모르게 눈물도 많이 흘렸다.

여기서 3년을 보낸 나는 세상공부도 해야 한다는 스님들의 배려로 대구로 나오게 되었다. 나는 국민학교 3학년의 학력 밖에 없었으므로 고등공민학교에 들어갔다.

처음에는 기초가 없어 도저히 따라 갈 수 없었다. 그러나 열심히 노력한 결과 고등학교 검정고시에 합격할 수 있었고 대구 상고에 진학했다. 이곳을 마친 나는 동국대학 불교학과에 진학할 것을 꿈꾸고 은해사 해경 스님께 부탁하였더니 그런 생각하지 말고 절로 다시 들어 오라고 하셨다. 허나, 나는 대학진학의 꿈을 포기하지 않고 가까운 경북 대학교 수학과에 응시하여 합격했다.

그러나 학비가 문제였다. 그런데 당시 여러 교수님들이 나의 어려운 처지를 아시고 도움을 주셨으며 대구시 장학생으로도 선정되어 혼자 힘으로 학교를 다닐 수 있게 되었다.

나는 아르바이트도 하면서 은적사, 칠불사, 동천사 등을 전전하며 1962년 대학을 졸업했다. 그리고는 군에 입대, 1965년까지 군생활을 했다. 제대한 후에는 여러 선방을 두루다니면서 오직 부처가 되어 보겠다는 일념으로 피나는 수행을 시작했다.

나는 정토종(淨土宗)에 소속되어 나름대로 불교 발전을 위해 정성을 다하기 시작한 것이다.

그런데 지금부터 10여 년 전이었다. 당시 나는 경북 울진의 삼근리 근처 절에 승려로 있었다. 그 근처에는 울진 중학교 삼근분교가 있었는데 학생 수가 얼마 되지 않아 교사들이 부임하기를 꺼렸다.

그런데 내가 교사자격증이 있다는 것을 안 주민들이 선생을 기다리다 못해 학생들을 맡아 달라고 부탁해 본의 아닌 교사생활을 시작하게 되었다.

그런데 그해 여름, 방학을 맞아 울진의 한 교회에서 학생 수련회를 가지니 교실을 좀 빌려달라는 부탁을 해 왔다. 나는 비록 종교는 다르지만 그들에게 편의를 제공했고 그들은 몹시 고마와하며 수련회 마지막날 나를 점심식사에 초대 했다. 나는 별생각 없이 이 초대에 응했고 그 모임을 이끌었던 목사님과 마주하게 되었다.

그런데 유독 그 목사님은 나를 이리저리 자세히 보시더니 "선생님, 제가 느끼기에 선생님께서는 예수님을 믿고 목사가 되실 것 같습니다. 저 선생님을 위해서 기도하겠습니다."라고 하는 것이었다.

나는 기가 막혔다. 나는 그 목사님께 "목사님, 헛수고 마십시오. 저는 어머니 뱃속에서부터 불교를 믿어 왔던 중입니다."라고 하였더니 그 목사님은 전혀 개의치 않으시고 간절하고도 진지하게 반복해 말씀하시는 것이었다.

나는 은근히 화가 나 이런 말로 반박을 해버렸다. "목사님께서 저를 위해 기도드리신다니 저 역시 목사님께서 머리 깎고 중이 될 것을 부처님께 불공드리겠소. 우리 누가 이기나 시합이나 한번 합시다." 그 때는 이렇게 지나 갔으나 이제 내가 기독교로 개종하고 생각하니 하나님의 크신 뜻이 그 때부터 섭리하신 것이 아닌가 느껴진다.

그당시 목사님은 울진군 원남면 매화 교회의 권 찬수 목사님이시다.

점점 시일이 지나면서 나는 불교계에서 인정을 받게 되었고 대한 불교 정토종 교유국장, 포교국장을 역임했다. 그리고 인도, 스리랑카, 태국, 일본 등 불교국가를 두루 방문하기도 했다. 그때 또 나는 불심이 강했으므로 신라, 고려 때 융성했던 불교가 다시 이 땅에 도래해야 한다고 생각을 했던 것이다.

그리고 오늘날 불교가 기독교에 밀려서 쇠퇴해 가는 것은 승려들의 교육이 되지 않았기 때문이라 생각되었다. 그래서 나는 불교 대학을 설립해야 한다고 결심하고 이 사업을 추진하기에 이르렀다.

나는 불교계 유명인사들을 찾아가 나의 취지를 이야기하고 도움을 요청했다.

그 결과 국내에서 10 억원 상당의 부동산이 기부 채납되었고 일본 정토종에서도 10 억원 정도의 기부를 하겠다고 나서 불교대학의 설립은 눈앞에 다가와 있었다. 나는 불교대학 학생들이 머리도 기르고 평상복을 입을 수 있도록 하며 의식 때만 법복을 입게 해 젊은이들이 관심을 가지고 현실적인 적극 포교를 할 수 있도록 계획했다. 그래서 1 년에 1 천명만 배출하면 극성스럽게 늘어가는 기독교를 물리칠 수 있겠다고 장담했다. 뺏지를 만들고 현판식도 가졌다.

그런데 이게 웬일인가 ! 대학설립의 꿈이 막 이루어 가는 순간 나는 종교관계의 내분과 정치문제로 어이없게 교도소에 수감되는 신세가 되고 말았던 것이다. 그러다보니 학교일이 흐지부지 되었고 거기에다 학교 기공식 때 2 억원을 시주하기로 했던 G 그룹의 L 회장은 갑자기 부도가 나서 그 역시 형무소 신세를 지게 되었다. 정말 엎친데 덮친 격이었다. 그러나 지금 생각하면 이 땅에 불교의 뿌리를 내리지 못하게 한 하나님의 역사가 아닌가 한다.

형무소에서의 나의 생활은 염불과 참선, 불경공부로 일관되었다. 그리고 교도소 도서관에 있는 화엄경, 법화경, 승엄경, 원각경 등을 빌려보게 되었다.

도서대출은 군복무 중인 경비교도대 대원이 맡아보고 있었다. 한 두어 번은 내가 신청한 불경을 잘 대출해 주다가 하루는 느닷없이 신청한 불경은 가져오지 않고 기드온 협회 발행의 신약 성서를 갖다주는 것이었다.

"불경은 어떻게 하고 대출신청도 하지 않은 기독교 책을 가지고 왔소?" 나는 화가 나 있었다.

"불경은 다 대출되고 없어서 심심하실 것 같아 성경책을 가지고 왔으니 스님 한번 읽어 보십시오."

"거짓말 하지 마시오. 그 어려운 불경은 볼 사람이 드물텐데 5권이나 신청했는데 한 권도 없이 다 대출되었단 말이요?" 나는 더 큰 소리로 말했다.

"스님, 저도 대학 재학생입니다. 스님께서는 대학에서 강의도 하셨다는데 제자가 스승님께 꾸중을 들어도 당연하지요. 그러나 스님, 기독교도 수억의 인구가 믿고 있으니 한번 읽어 보시지요. 여기에도 진리가 있을 것 아닙니까? 저는 내일 제대합니다. 스님을 위해서 기도하겠습니다." 이렇게 말하고는 휑하니 가버리는 것이었다.

나는 괘씸하기도 했고 기독교인들은 참으로 지독하다고 생각되었다.

나처럼 골수 불교승려에게도 거침없이 전도하는 그 열의가 한편으로 부러웠다.

불교는 소극적이어서 거의 전도에 손을 못대고 있는데……

나는 그 성경을 그 이튿날부터 읽기 시작했다. 점점 성경을 읽어 나가면서 나는 말할 수 없는 충격을 받았다. 마치 높은 전류에 감전된 것처럼 머리끝까지 뻣뻣해지는 것을 어쩔 수 없었다. 그 성경책에는 평소 그렇게 염원하며 알려고 노력했던 인간의 생사(生死)문제가 너무 나도 쉽게 그리고 분명하게 풀려져 있었다. 이럴 수가 있단 말인가?

나는 수없이 부딪쳐오는 갈등에 몸부림쳐야 했다. 그러나 그리스도의 복음은 너무나도 선명하게 나의 가슴 속을 휘몰아쳤다.

그중에서도 내가 가장 절실하게 느낄수 있었던 사실은 비슷한 상황에서의 부처님과 예수님의 차이였다.

옛날 인도의 구시라성의 시다림(林)에서 한 젊은 과부가 심하게 애통해 함을 본 석가모니는 그 사유를 물은 즉 병중의 외아들을 살려달라는 애원을 받는다. 이에 석가모니는 한 번도 사람이 죽은 일이 없는 집의 쌀을 한줌씩 얻어다가 죽을 끓여 먹이면 살아날 것이라 하였다.

그러나 오후에 돌아온 그 과부는 "부처님이시여, 하루종일 다녀도 그런 집은 없어 빈손으로 왔습니다"라고 고백한다. 그때 석가모니는 이런 결론을 준다. "자매여, 생자필멸이라 사람이 나면 반드시 죽는 것, 인연따라 일어나 인연따라 없어지는 것이니 너무 슬퍼할 것이 없느니라." 어떤 해결이나 변화보다는 순리적인 사실을 자조하도록 가르치고 있는 것이다.

그러나 예수님의 처방은 이와 전혀 달랐다. 예수님께서는 나인성 과부 외아들의 애통스런 장례행렬을 보시고 불쌍한 마음에 은혜를 베푸신다.

그 외아들을 죽음에서 생명으로 살리신 것이다. 불교와 기독교의 생사문제의 근본적인 차이가 여기에 있었다. 같은 과부의 외아들의 죽음이었는데 불교에서는 죽음을 숙명적으로 받아들이는 인간의 능력한계를 보여 주었고 기독교에서는 생명을 새롭게 얻게 하는 기쁨을 맛보게 한다. 바로 여기에 부활이고 생명이신 참 진리가 있는 것을 깨달을 수 있었다.

석가모니는 인생의 근본적인 생사 문제에 있어서 문제만 제시하였을 뿐 그 해답의 열쇠는 주지 못했다. 그러나 예수님은 문제뿐만 아니라 해답의 열쇠까지 주신 것이다. 나는 이 큰 진리를 깨달았지만 차마 개종의 길로 돌아설 수는 없었다. 나는 종단의 지도자급 위치에 있었고 수십만의 불교신도들과 많은 승려들이 따르는 것을 생각할 때 그럴 수 없었던 것이다.

또 그렇게 된다면 나는 부모님을 배반하는 결과가 되는 것이기도 했다.

1984년 8월 20일, 나는 8개월의 형기를 마치고 경북 달성군에 있는 장수사에서 몸의 안정을 취했다. 그러나 나는 그리스도의 복음을 접하고 난 뒤라 더욱 번뇌와 고뇌에 몸부림쳐야만 했다. 한편으로는 내가 불교에 대한 공부가 부족해서 마음이 흔들린다고 느껴지기도 해 이곳 저곳을 더 다니며 공부를 더 해야겠다는 마음이 들기도 했다.

순천 송광사를 찾아가던 나는 도중에 옛날 교사시절 동료였던 은두기 선생을 찾아가 나의 답답한 마음을 허심탄회하게 털어 놓았다. 그런데 그 은 선생은 무신론자인데 나에게 좋은 충고를 해주는 것이었다. "혜경 스님은 송광사에 가도 번뇌가 없어지지는 않을 것이오. 기독교는 한번 그 복음을 받아들이게 되면 좀처럼 버리지 못한다고 들었소. 돌아서려거든 한 나이라도 젊었을 때 돌아서시오."

나의 마음은 내내 무거웠다. 그러나 나는 드디어 용단을 내렸다. 개종하기로 결심한 것이다.

내 인생의 3분의 2를 달려가다가 개종을 하기까지에는 말 못할 아픔이 컸다. 그러나 이것은 나 자신의 양심의 해방이자 본연의 자유를 찾은 획기적인 결심이었다.

　나는 1984년 8월 29일 수요예배에 처음 참석했다. 찬송가를 따라 부르며 하염없는 눈물을 흘렸다. 이제 진정한 평안과 영생이 있는 곳이라 느껴지니 나의 마음은 날아갈 듯이 가벼웠다.
　이후 나는 신학대학원에 진학, 하나님의 가르침을 배우고 있으며 그 동안의 삶을 참회하는 뜻으로 불교의 비진리성과 개종경위를 자세하게 밝히는 「극락의 불나비」(도서출판 아가페 간)란 책을 쓰기도 했다.
　내가 이 간증을 쓰는 것은 내가 바른 도를 전하지 못하고 거짓된 도를 전해왔기에 그것을 밝히려는 것이며 이글을 읽는 많은 사람들이 참 진리인 예수님께 돌아오게 하는 데 있다.
　주 예수 그리스도!
　이 분만이 우리가 바라고 원하는 인생의 해답을 가르쳐 주신다.

불교 교리의 허구성과
기독교의 진리

기독교의 효와 불교의 효

 5월은 신록의 계절일 뿐아니라 가정의 달이다. 그래서 참된 효도에 대해서 생각해 볼까 한다.

 자연종교인 유교에서는 효(孝)를 백가지 근본이라고 가르친다. 그러면 유교에서 말하는 효란 무엇인가? 유교에서는 효를 효경·예기·소학을 근간으로 하여 주자가례로 예법의 지침을 삼는다. 효의 모범 인물로는「노래자」의 이야기가 있다.

「노래자」는 나이가 70이면서도 90세 된 어버이를 기쁘게 해 드리려고 어린아이처럼 노래도 부르고 재롱을 피웠다는 이야기이다. 이처럼 유교에서는 부모가 살아있는 때는 잘 봉양하고 부모가 병들면 밤잠을 자지 않고 직접 약을 달여 드리고 그래도 안 될 때에는 손가락을 끊어서 피를 부모에게 드린다는 것이다. 피의 성분이야 현대 의학으로 보면 별것 아니지만 그만큼 애끓는 정성으로 효도 한다는 것이다. 죽어서는 모든 벼슬과 생업을 전폐하고 부모의 무덤 곁에 초막을 짓고 군불도 지피지 않고 찬 방에서 좁쌀과 서숙죽을 먹으며 상주는 하늘을 우러러 볼 수 없는 죄인이라 하여 몸도 씻지 않고 옷도 갈아 입지 않고 시묘살이 3년을 해야 효자가 된다는 것이다. 이렇게 해서 3년상이 끝나면 또한 제사가 있다. 이런 어려운 고행을 한 사람은 하늘이 낸 효자라 하여 나라에서 상을 내리고 또한 가문의 자랑이고 나중에 벼슬 길도 순탄하게 되는 것이다.

필자는 이것을 비생산적이며 나쁘다는 것은 아니다. 이조 중엽에는 예법에 대하여 논쟁이 붙어 당쟁이 야기되었고 서로 반대파라 하여 사약을 내리고 귀양을 보내는 등 정권을 잡는데 예법이 동원되기도 했다.

이처럼 유교의 예법은 진정으로 부모를 생각하기 보다 남에게 보일려고 하는 허례허식적인 것이 많았다고 본다. 평소에는 부모에게 그리 잘 하지 않다가 죽고나면 삼년상이다, 제사다 하여 법석을 떠는 일이 많았다. 우리 속담에 "산 효자는 적어도 죽은 효자는 많다"라고 한 것만 보아도 다분히 남에게 보일려는 전시적인 효도가 많았음을 알 수 있다.

필자가 십수년 전에 경북 영양의 조씨 집안에 들린 적이 있다. 이 집안은 죽은 부모에게는 제사 지내지 않기로 하고 살아계신 부모에게 제사 지내는 것과 똑같이 음식을 장만하여 봉양한다는 것이다. 죽은 조상을 위해 초하루, 보름, 삭망을 올리는 대신 이 집안은 초하루, 보름에 음식을 마련하여 대접한다는 것이다. 또 제사때 써 부치는 지방 대신에 "死後三杯酒 不如生一杯酒 : 죽은 뒤 술 석잔이 살아서 한잔만 못하다"란 글귀를 벽에 써붙여 놓고 부모를 잘 봉양하는 것을 보았다.

과연 죽은 자를 위한 제사가 필요할까 ? 돌아가신 날을 기념하여 가족들이 모여 조상의 유덕을 이야기하며 차 한잔 나누는 것으로 족하다고 생각한다.

5.16 혁명이후에 가정의례준칙이 제정되었고 실질적인 효도에 대한 지도계몽이 있었던 것으로 안다. 진정한 효도는 마음에서 우러나와야 하지 남에게 보일려고 하는 효는 효도가 아니다. 유교도 처음부터 그렇게 하지는 않았으나 너무나 형식과 체면에 치우쳐 그 피해가 많았다고 본다.

불교에서 가르치는 효에 대하여 생각해 보자. 기독교 십계명에는 효도에 대하여 강력히 가르치고 있으나 불교의 5계, 10계에는 효도에 대하여 언급이 없다. 부모님의 은혜를 중히 여기라고 가르치는 은중경(恩重經)이란 것이 있긴 해도 전설과 설화적인 내용이지 실제적인 효도의 지침서는 못된다.

중국의 선승(禪僧 : 참선을 위주로 수행하는 승려) 황벽회운이 있었다. 황벽은 어릴 때 출가하여 승려가 되어 여러 사찰을 전전하며 오랜 세월을 수행하였다. 출가승은 집에 돌아 가면 번뇌가 일어난다 하여 출가하면 집에는 영영 돌아갈 수 없다.

그런데 황벽의 어머니는 아들이 보고 싶어 살아 생전 아들 황벽을 한번만 보게 해 달라고 부처에게 빌고 안타까운 마음과 눈물로 지새우다가 서주의 강가 나루터에 움막을 지어 놓고 떡 장사를 시작하였다. 나루를 건너는 사람에게 떡을 팔며 승려가 지나가면 아들 황벽을 생각하며 돈을 받지 않고 떡을 보시(물질로 남에게 도움을 베푸는 것)하곤 하였다. 부처에게 공덕을 쌓는 한편 아들 황벽을 한번 볼 수 있기를 소원했으나 세월만 자꾸 흘러갔다. 나이 많은 노모는 아들이 너무 그리워 애타게 눈물로 세월을 보내다가 그만 양쪽 눈을 실명(失明)하게 되었다.

그래도 노모는 아들 황벽을 만나야겠다는 소원을 포기하지 않고 조석 끼니를 구걸해 먹으면서 나루터에 세수대야를 가져다 놓고 오가는 승려들의 발 씻어주는 것을 하루일로 삼았다. 그것은 황벽의 왼쪽 발등에 커다란 사마귀가 있는데 발을 씻기면서 사마귀를 더듬어 아들을 확인하고 싶었기 때문이었다.

하루는 선승(禪僧)황벽이 나루터에서 자기를 기다리다 지쳐 눈먼 어머니를 보고 인간적인 번뇌에 빠져 눈물을 흘리면서 노모에게 오른발만 두번 씻기우고 나룻배를 타고 강을 건너갔다. 옆에서 보고 있던 사람이 노파에게 조금 전에 발을 한꺼번에 씻기지않고 한발 한발 씻기운 사람이 당신의 아들 같다고 말해 주었다. 그 순간 앞 못보는 노파는 아들 황벽의 이름을 부르며 강으로 뛰어 들어 허우적

거리다 빠져 죽고 말았다는 이야기가 있다.
　이 이야기를 두고 불교에서는 노모가 실명한 고로 거친 물결과 소용돌이 치는 강물을 보지 못하고 죽음의 공포와 고통없이 일순간 아들 황벽만 생각하다가 무아(無我), 무념(無念), 무상(無想)의 경지에서 죽어 갔으니 해탈(解脫 : 불교에서 말하는 이상적인 죽음으로 극락에 간다는 것)하게 되었고 따라서 이것을 중의 효도라고 가르친다. 중생의 고통을 끊고 번뇌를 없게 해주므로 중생제도를 목표하는 승려가 자기 어머니를 비정하게 눈 멀게 하고 물에 빠져 죽게 한 것을 어이없게도 어머니로 하여금 지극한 정성으로 해탈의 경지에 이르게 한고로 제일가는 효도를 했다고 하니 과연 이것이 올바른 가르침인가?
　현대에는 각종 의약품과 기술이 발달하였다. 우리 사회가 핵 가족제도로 인하여 비정한 자기 부모를 양로원 앞에 버려두고 가는 예가 많다고 한다. 그렇다면 불교 사찰에 기백만원씩 드려 가면서 부모의 극락왕생을 바라는 四十九제, 여수제(미리 공덕을 닦는 것) 등 각종 불공을 할 필요 없이 고층 빌딩 옥상에서 마취제나 환각제 등으로 죽음의 고통과 공포없이 지상으로 밀려뜨려 죽게하면 불교에서 말하는 해탈의 경지에 이르게 하는 것이다. 이것 뿐인가? 이른바 안락사(安樂死)란 여러가지 방법이 있지 않는가? 이런 쉬운 방법을 그냥두고 불교 사찰이 온통 소란을 떠는 각종 불공을 그많은 돈을 들여 가면서 할 필요가 있는가? 독자 여러분의 현명한 판단이 있기를 바란다.
　기독교의 효도에 대하여 생각해 보자.
　앞에서도 말한바와 같이 구약시대에는 십계명에 효도(孝道)에 관하여 실행할 것을 강력히 계시하였고 만일 불효한 자식이 있으면 돌로 쳐 죽이라고 하였다. 유교에서는 불효한 자식은 곤장을 치고 불교에서는 다 인연따라 된 것이니 묵묵히 참고 감수하라고 하는데 반해 기독교에서는 적극적이며 행동 실천을 요구한다. 그뿐인가?

예수님 자신이 큰 효도의 모범을 보이셨다. 십자가에 못박혀 돌아가시면서 그 고통중에도 제자들에게 육신의 모친을 부탁하신다. 인간이라면 죽음의 고통과 공포속에서 자기를 낳은 부모를 원망하며 죽어갈 것이다. 그러나 예수님은 모든 인류의 죄를 대신하여 십자가에 죽으시는 그 급박하고 처절한 상황에서도 제자들에게 육신의 모친을 부탁하신다. 이것은 예수님을 믿는 신앙 안에서 이루어지는 부모와 자식 관계만이 참 효도라는 것을 가르치고 있다. 제자들에게 어머니라고 말씀하시고 어머니에게는 제자들을 자식이라고 말씀하셨다. 이것은 우리에게 크리스챤의 효도란 예수님과의 관계를 떠나서는 존재할 수 없다는 것을 가르쳐준다.

우리는 기독교에서 큰 효도를 배울 수 있다. 예수님은 십자가상에서 죽으면서도 효도를 실천하심으로 참효도가 무엇인지를 가르쳐 주셨다. 한때 필자도 기독교로 개종하기 전에는 예수 믿는 사람들은 부모에게 제사도 지내지 않는 불효막심한 사람들이라고 생각하였다. 그러나 남에게 보일려는 형식적인 유교의 효도나, 자기가 번뇌로부터 도피하기 위해 그 부모에게는 애절한 번뇌의 아픔을 주는 불교의 효도는 얼마나 허황한 것인지 거론할 필요조차 없다.

그러나 기독교에서는 인간의 근본행동인 참 효도가 있다. 세상에서는 예수믿는 처녀를 며느리로 맞으면 제사를 지내지 않고 불효한다고 생각하나 살아계실 때 잘 모시고 돌아 가실때 부모의 영혼 천국가도록 기도할 것이니 이 이상의 큰 효도가 있을까? 이글을 읽는 독자중에 아직까지 그릇된 생각을 가지고 계신 분이 있거든 생각을 고치기 바란다.

오늘날 사는 현대인에게는 정신문화, 도덕, 윤리의 가치판단에 변화가 심하게 오고 있다. 그러나 예수님의 품안에서 변하지 않는 참 효도의 길을 배운 자는 부모님께 지극하고 진정한 효도를 할 수 있다고 확신한다.

사람잡는 어부와 살리는 어부

　불교의 고승중에도 어부 출신이 있고 예수님의 제자 중에도 어부 출신들이 있다. 이들의 생애를 한번 생각해 보자. 필자가 일본의 친지로부터 한편의 시나리오를 받은 적이 있다. 작가인 스기모도씨의 당 말기의 선승 현사 사비의 출가 이야기였다. 그 내용을 요약하면 현사는 송나라 복주의 사람인데 출가하기 전 성은 사(謝)직업은 어부였다.
　어느날 남태강에 배를 띄워 아버지와 함께 고기를 낚고 있을 때 발이 미끄러져 아버지가 물속에 빠졌다. 둘도 없는 부자간에… 더군다나 부자 두 사람만의 인생이라 현사는 놀라서 장대를 뻗치고 아버지는 그것을 붙잡았다. 순간 오랫동안 고민하면서 뛰쳐 나가지 못하고 있었던 행위를 결행하려는 결의가 현사의 전신을 전광과 같이 스치는 것이었다. 순간 그는 장대를 잡았던 손을 놓았다. "앗? 무슨 짓을 하느냐? 현사야 현사야……" 공포와 의심으로 휘둥그래진 노부(老父)눈, 버둥거리며 물을 치는 수족(手足)…그러나 현사는 그 광경을 본채 만채 힘껏 노를 저어 언덕에 올라 그 길로 설봉산으로 달려가 삭발출가를 했다고 한다.
　현사는 평소 아버지가 어부로서 고기를 잡아 즉 살생을 하여 생활하는 것을 고민하다가 아버지를 죽게 하고 출가하여 중이 된 것이다. 후에 어느 중이 죽어서 저승에 가니 큰 감방이 있었는데

불교 교리의 허구성과 기독교의 진리 25

그 위에 「현사의 옥」이라는 간판이 붙어 있었다. 간수에게 왜 이 감방을 현사의 옥이라 합니까? 하고 하였더니 "사바세계의 복주에 현사라는 사람이 있는데 아비가 물에 빠진 것을 구하지 않고 불효의 죄를 범하였기에 일부러 감방을 지어 놓고 여기에 떨어지기를 기다리고 있다"고 하였다.

위의 이야기에서 우리는 불교의 계율 중에 살생을 금하고 있다면서 현사는 아버지가 수많은 고기를 잡아 살생을 하므로 아버지를 물에 빠져 죽게 하고 더 많은 부처의 깨달음을 얻으려고 출가하였다고 한다. 음력 초 엿새 날에는 모든 생명이 극락에 갈 수 있는 날이라 하여 그날은 절의 승려들이 빨래를 한다. 이, 벼룩을 잡아도 그 생명이 극락에 간다고 하여 이날은 빨래를 한다. 요즈음 절에는 이날도 지키지 않고 아무때나 빨래를 한다. 우리나라는 삼면이 바다로 되어 있으니 고기 잡는 어부가 많다. 어업에 종사하는 사람들의 시주 돈은 절에선 받지 않아야 될 것이 아닌가? 살생하지 말라 하면서 어업에 종사하는 사람과 식육업자의 시주돈을 받지 않은 사찰이 몇군데나 있을까? 한곳도 없다. 오히려 고기 많이 잡히고 재수 대통하라고 불공을 하고 있다. 그뿐인가? 농사를 지을 때 요즈음 같이 농약과 살충제를 사용하지 않고는 채소 한잎도 생산할 수 없다.

절의 부처앞에 차려 놓은 밥과 과일 채소도 수많은 생명을 살생한 결과의 음식물이 아닌가? 불교의 가르침대로 따른다면 부처와 중은 굶어야 마땅할 것인데도 오히려 많이 먹어서 살이 피둥 피둥하게 쪄 있다. 얼마나 허황된 모순인가? 현사의 아버지의 죽음은 아무 의미가 없다. 아버지를 죽게 한 살인과 불효의 죄 밖에는 더 있는가? 이 사실이 불교의 그릇된 가르침의 비극이었다.

예수님께서는 갈릴리 바닷가에서 베드로와 안드레 야고보와 요한 이렇게 네 사람의 어부를 불러서 제자로 삼았다. 이들 어부들이 예수님을 따라갈 때 아버지와 배와 그물을 그대로 두고 갔다. 현사처럼 아버지를 물에 빠져 죽게 하지 않고 다만 고요히 그 생업을 포기하고 따라갔던 것뿐이다. 현사는 아버지를 죽게하고 이 세상과 저승(?)에 온통 소란을 피우면서 불도(佛道)를 닦겠다고 갔으나 그 결과 도는 고사하고 죄만 지었다는 오명만 남겼다. 그러나 예수님을 따른 제자들은 그렇게 세상을 소란하게 하지는 않고 참으로 겸손한 태도로 따라 갔다. 그 결과 베드로는 사람낚는 어부가 되어 얼마나 많은 사람들을 육신적으로나 영적으로 영원한 삶의 길로 인도하였는가? 현사와 베드로는 같은 진리를 찾아 나섰지만 그 방향과 목적과 결과는 엄청난 차이가 있었다.

한편은 사람을 죽이는 어부였는가 하면 다른 한편은 사람을 살리는 어부가 되었다. 어찌 이뿐인가? 예수님께서는 거라사 땅에 가서 한 귀신들린 사람을 만났다. 예수님께서도 그 귀신더러 그사람에게 나오라고 하였더니 그 귀신은 수가 많아서 이름이 군대라 하여 나가서 갈곳이 없으니 산에서 먹고 있는 수 천마리의 돼지에게 들어 가도록 허락해 달라고 예수님께 간절히 빌었다. 이에 예수님께서는 허락하심으로 그 귀신들이 그 사람으로부터 나와서 수 천마리의 돼지에게 들어감으로서 귀신들린 사람은 정신이 온전해서 정상인으로 건강을 여러 해 만에 회복하였고 반면에 귀신들린 수 천마리의 돼지는 산 비탈을 굴러서 바다에 전부 빠져죽었다.

예수님께서는 한 사람의 영혼이 수 천마리의 돼지하고는 비교할 수도 없고 온 천하보다도 귀하게 여겼던 것이다. 하나님께서는 사람으로 하여금 이 세상의 모든 생물을 다스릴 권리를 주셨다. 모든 만물이 사람을 위해 있는 것이다. 만일 불교에서는 이같은 경우라면 사람보다도 수 천마리의 돼지를 더 소중히 여겼을 것이라, 이는 현사의 경우를 보아서도 충분히 알 수 있다. 불교의 가르침이 이 얼마나 황당무계한 것인가? 오늘날 사찰에서는 고기를 먹으면서도 마음으로 나물(채소)이라고 생각하고 먹는다. 필자가 몇년전 불교계에서는 내노라 하는 고승들의 모임에 참석한 적이 있었다. 점심 식사때 소 갈비찜이 나왔다. 큰 스님이라고 존경받는 사람들이 아무런 거리낌도 없이 갈비찜을 먹어 대었다. 바른 소리 잘하는 필자는 "스님들, 중이 고기 먹어도 됩니까?"하고 물었더니 J종단의 L큰 스님이란 분이 "혜경스님, 고기라고 생각하지 말고 나물이라고 생각하고 먹으면 됩니다. 모든 것이 마음먹기 달렸지요. 소고기는 도끼로 잡으니 옛부터 절에서는 도끼나물이라고 하고 닭고기는 닭이 울타리 밑에 논다고 하여 천리채라 하고, 돼지 고기는 돼지 색깔이 검기 때문에 먹 나물이라고 하지요." 이렇게 천연덕스럽게 대답하는 걸 들은 적이 있다. 나물은 나물이고 고기는 고기지? 그 맛이 틀리는데 아무리 마음으로 나물이라고 생각하여도 고기는 고기고 채소는 채소일 뿐이지 않은가? 참 해괴망칙한 변명의 합리화였다. 얼마나 어설픈 변명에 급급한 가르침인가? 불교에서는 고기를 먹어도 이른바 오정육이라는 것은 허용된다. 석가 당시에 잘되지 않는 남쪽의 덥고 습기가 많은 땅에서는 고기를 채소와 같이 생각하고 부처의 법으로 정(淨)하게 하였으니 이런곳에 한하여 먹으라고 하였다. 이것을 위에서 말한대로 소고기로 도끼 나물 운운하며 먹는다. 우리나라가 농사가 잘되지 않는 나라는 결코 아니다. 불교에서는 채소도 금하는 것이 있다. 오신채라는 것인데 파, 마늘, 양파, 정구지(부추나물), 달래이다. 이 오신채를 생으로 먹으면 사람의 성품이 사나와져서 살생을 하게 되고 삶아서 먹으면 음욕이 생겨서 음행을 저지른다 하여 금한다. 오늘날 우리 나라의 절에서 마늘, 파 안먹는 곳이 한 군데도 없다. 진정으로 불교의 사찰에서 승려와 신도들이 오신채를 먹지 않았더라면 지난해 같이 양파, 마늘 등 양념류는 수입하지 않아도 되었을 것이라. 어찌 양념류 뿐인가? 불교 승려와 신도들이 제대로 계율만 지켰으면 수입 소고기도 이 땅에 필요없을 것이다. 수 백만이라는 불교의 승려와 신도들이 계율은 있고 지키지 않으니까 고기도 수입하고 양념류도 수입한다.

필자는 차제에 불교도들에게 계율은 좀 똑똑히 지켜서 이 나라에 농산물을 수입하는 일이 없기를 바라며 그 결과 귀중한 외화 낭비는 하지 않아도 된다고 생각한다. 여러분들이 고기와 양념류를 먹지 않은 것이 바로 애국하는 길이다. 오히려 더욱 더 어구같이 먹기 때문에 사회의 지탄을 받는다.

독자 여러분! 얼마나 모순인가? 사람의 기본 생활인 식생활에서도 불교의 가르침은 구름잡는 것과 같다. 여러분은 사람을 죽이는 어부인 불교의 길을 따르지 말고 하루속히 사람을 살리는 어부의 길, 참 생명을 가르치는 기독교로 돌아오라. 죽음에서 방황하지 말고 찬란한 밝은 빛이 약동하는 생명의 길로 빨리 돌아오라. 영원한 삶이 있는 곳으로……..

엘리야와 석가의 3 년 6 개월

　불교 문화권에 속해 있는 인도는 농경 국가며 창조주 하나님을 신앙하는 유대는 목축업을 주로 하는 국가다.
　그런데 농경이든 유목이든 비가 오지 않고 오랫동안 가뭄이 계속되면 사람들의 생활은 극한 상태가 된다. 현대처럼 기상학이 발달되고 각종 수리 시설이 현대화한 상황하에서도 비가 오지 않고 한발이 계속되면 속수무책일 수밖에 없다. 결국은 삶의 의지마저 상실하고 허탈과 체념으로 무기력해 지는 것이 인간이다.
　벼 농사가 시작되는 6월이 왔다. 강우량이 많지 않은 지금 옛날에 인도와 유대에의 3년 6개월간 비가 오지 않았던 사건을 생각해 보자.
　불교에서는 세가지 세상 즉 전생(前生)과 금생(今生)과 내세(來世), 이렇게 세가지 세상을 말한다. 그러나 우리 기독교에서는 현세와 내세만을 말한다. 불경중에 본생경(本生經 : Jataka)이라는 것이 있다. 석가의 전생에 일어 났던 얽히고 설킨 사연들을 기록한 것이다.
　우리 같은 인간은 어머니 뱃속에서 이 세상에 태어나기 전 일은 도저히 알 수 없으나 석가는 거울을 보듯이 훤히 안다고 한다. 부모로부터 이 세상에 태어난 이야기 조차도 옆에서 본 사람이 말해주지 않으면 당시의 일은 기억할 수 없는데 하물며 어머니 뱃속에 있기 전의 일을 안다고 하니 얼마나 신기한 일인지(?)

본생경에 의하면 아득한 옛날 눈덮힌 히말라야 산에서 수도에 전념하여 신통력이 굉장한 한 도인이 있었다. 그런데 그때 그나라에 한 국왕이 있었는데 백성을 돌보지 않고 마음에 드는 여자는 처녀고 유부녀고 가리지 않고 궁궐에 데려다가 음욕을 채우니 나라 꼴이 말이 아니었다. 임금이 이러하니 위로는 대신과 아래로는 하급 관리들도 사치와 방탕과 간음에 빠져서 나라의 기강은 땅바닥에 떨어졌고 도덕적으로 부패 타락은 극에 달하였다 한다. 더욱이 그 임금은 교만 방자하여 깨끗이 눈덮힌 히말리야 산에서 수도하는 그 도인을 무례하게 멸시하고 욕설을 하였다 한다. 이에 화가 머리 끝까지 난 그 도인은 신통력을 발휘하여 그 나라에 비가 내리지 않게 했다. 그러자 그 임금은 한 계책을 세워 나라에 공포하였는데 "누구든지 그 도인을 타락하게 하여 신통력이 떨어지면 나라에 비가 올 것이다. 그러니 도인을 유혹 타락하게 한 사람은 많은 상금을 주겠다"는 내용이었다. 그때 그 나라에는 얼굴이 요염하게 생겼으며 남자를 잘 홀리는 고급 창녀가 한 사람 있었는데 자기가 해보겠다고 지원하였다. 이에 임금은 그 고급 창녀에게 그 도인을 타락하게 하여 신통력이 떨어져서 비가 내리면 많은 상금을 주겠노라고 약속을 거듭하였다.

이에 그 고급 창녀는 맛있는 안주와 좋은 술과 사람을 뇌살 시킬 수 있는 고급 향수로 치장을 하고 눈덮힌 히말라야 산속의 그 도인(道人)을 찾아갔다. 처음 그 도인은 창녀를 거절하였으나 그 이튿날부터 술과 그 고급 창녀를 등에 업고 힘없는 몰골로 임금의 궁전에 나타나게 되었다. 그순간 신통력은 흔적없이 사라졌고 그러자 3년 6개월간의 가뭄은 끝이 나고 많은 비가 내렸다고 한다.

석가는 그 도인이 전생의 자기였고 고급창녀는 자기 부인 아쇼다라 였다고 한다. 이것은 그 제자들에게 음욕이 백가지 죄악의 근본이 된다는 것을 가르치려는 교훈이었다고 한다. 그냥 간음하지 말라고 하면 될 일을 자기는 타락한 도사였고 자기 부인도 창녀로

비하시켜 가면서 전개하는 것은 한 마디로 웃기는 이야기다.

그뿐인가. 불교식으로 볼 때 그렇게 오랫동안 수도한 석가가 한 여인의 유혹에 물거품처럼 타락하고 말았다 하니 고상한 해탈이라든지 성불 등은 자기 스스로의 수도로는 도저히 성취될 수 없다는 것을 석가 자신이 웅변적으로 말하고 있지 않은가? 아무리 산골 절에 앉아서 법복을 입고 참선을 하고 염불을 하여도 그 내면에는 사소한 유혹에도 타락 부패할 수 있다는 것을 말하고 있다. 그렇다면 신도들에게 계율을 지키고 마음을 닦아라 하나 그 실은 허무 맹랑한 가르침이 되고 말았다는 것은 불교 교조인 석가 자신이 은연중 말하고 있다고 생각한다. 한갓 여인의 유혹에 타락하는 불교라면 그것은 차라리 많은 시간과 노력과 물질을 들여 가면서 수도와 고행(苦行) 그 어느 것으로도 불교식으로는 자기 완성이 될 수 없다는 것을 말하고 있음을 알 수 있다. 이 글을 읽는 독자들 가운데 아직도 꿈을 버리지 못한 분이 계시면 양심의 소리로서 참 가르침의 기독교로 돌아 오시기 바란다.

여기에 반해 엘리야를 한번 생각해 보자. 엘리야는 아합왕과 그 왕후 이세벨이 우상숭배를 하며 타락 부패할 때 분연히 하나님의 능력을 믿고 일어섰다. 각종 유혹과 죽음의 위협속에서도 하나님의 공의만 믿고 그 민족을 하나님께로 돌아오게 하려고 하나님께 3년 6개월간 비가 내리지 않게 해 달라고 기도했다. 그 결과로 비는 내리지 않고 한발의 피해가 나라안에 극심하였다. 그러나 엘리야는 그릿시냇가로, 사르밧 과부집으로 하나님께서 시키는 데로 피해 다니면서 그 극한 상황하에서도 살아계신 하나님만 믿고 조금도 자세를 흐트리지 않고 하나님의 선지자로서 그 직임을 다 하였다. 그 뿐인가, 3년 6개월 되는 날 갈멜산에서 바알신과 아세라신이 엉터리 신 임을 증거하고 하나님의 공의를 증거하여 타락한, 부패한 민족을 하나님께로 돌아오게 한 역사가 있었다. 가뭄이 끝이 나고 많은 비가 내렸음은 말할 나위 없는 일이었다. 독자 여러분! 같은 3년 6개월간 비가 오지 않아 가뭄이 계속되었으나 그 결과는 엄청난 차이가 있다. 석가는 자기 말로 비록 전생의 일이라 하나 자기를 모독하는 데 참지 못하고 비를 내리지 않게 하여 여러 사람들 가련한 백성들만 가뭄에 고통을 당하게 하였고 끝내는 자기 자신도 부패 타락하였으니 한심한 이야기가 되고 말았다. 그러나 엘리야는 자기 민족이 하나님을 떠나 육신과 영혼이 죽어 가는 것을 살아계신 하나님 앞으로 돌아오게 하였고 그 자신은 유혹에 넘어가지 않았고 타락하지 않고 자기 민족에게 희망과 소망을 주었다. 하나님의 충실한 종으로서 산 채로 하늘에 올리움을 받았다. 이것으로 볼 때 불교는 소망이 없는 죽음의 종교요 기독교는 확실한 내세의 희망이 있는 생명의 종교다.

우리는 이같은 생명의 종교인 기독교의 복음 전하기에 힘써야 겠다. 그리고 아직도 믿지 않고 혹은 잘못 가르침인 불교에서 방황하시는 분은 하루속히 기독교로 돌아 오기를 바란다. 가뭄이 시작되는 6월에 석가와 엘리야를 생각하면서 우리들의 심령이 갈급할 때에 하나님의 구원의 은혜의 단비가 소낙비처럼 쏟아지기 바란다.

불교의 49제와 기독교의 부활

인생이라면 누구나 두번은 꼭 겪어야 할 사건이 있다.

첫째는 절대자로부터 예정되어진 이 세상에 태어나는 것이고 둘째는 짧든지 길든지 일정한 궤도를 따라 이 세상을 산뒤 떠나야 하는 죽음의 준비 과정이다.

인류가 죽음의 공포로부터 벗어나 보려고 몸부림 치는 와중에서 수많은 종교가 생겨 났으며 원시 종교로부터 현대의 고등 종교에 이르기까지 죽음 뒤의 문제를 중요 이슈로 내세우지 않는 종교는 하나도 없다.

인간의 죽음 뒤의 그 세계가 인간의 스스로의 노력으로써 해결될 수 있을까? 죽음이라는 분수령(分水嶺)에서 기쁨, 슬픔, 평안함, 공포 각 가지의 안개와 같은 자취를 남기면서 사라져 갔다.

그러면 불교의 49 제와 기독교의 부활을 생각해 보자.

1. 49 제

불교는 근본적으로 무신론(無神論)이다. 석가 자신이 영혼 문제를 부정하였다. 영혼이 없는데 내세는 있을 수 없다. 뒤늦게 승려들이 불교 신도들에게 영혼이 있는 것같이 가르친다. 이렇게 하여야만 신도들이 시주를 하기 때문이다.

참선하는 승려들 자신은 영혼이 없다고 믿으면서 일반 신도들에게는 영혼이 있는 것으로 가르친다. 우리 주위에 있는 이들은 죽은 부모나 친척을 위하여 최하 100만원에서 최고 몇 백만 원까지 들여가면서 49제를 하는데 그 염불 내용이 죽은 사람 극락 가라는 내용이 아니고 참선하는 중들이 주고 받는 대화 내용이 대부분이다.

목탁과 요령에 맞춰서 염불을 하니 내용은 잘 알아 듣지 못하고 부처앞에서 돈만 놓고 절만 꾸벅꾸벅 하고 있는 것이다. 49제 염불 중에 죽은 영혼이 목욕을 해야만 깨끗한 몸으로 극락을 간다고 하며 목탁과 징을 쳐 가면서 목욕비를 가족들로부터 받는데 그 비용이 산 사람 사우나 비용보다도 비싸다.

어디 그 뿐인가? 종이로 인형 옷을 접어 놓고서 "옷갈아 입으니 부처님 앞에 돈 놓아라", 또 죽은 영혼 머리를 단장하여야 하니 "빗 가지고 오라, 양말 수건 비누 치약을 가지고 오라", 저승 가는데 마차를 타고 가야 하니 "말 먹이는 풀을 베어오라 그렇지 않으면 돈을 가져오라"고 한다.

어떻게 불교에서는 교통 수단이 현대화 되지 않아서 말만 타고 영혼이 저승에 가는지? 요즈음 처럼 점보 제트 여객기나 고속버스로 가면 휘발유 값을 받아야 할 날도 있을 것이다. 그 밖에 고속도로 통행료라든지 휴게소 이용비용도 받아야 되지 않는가?

그러면 49제의 염불 내용을 한번 살펴보자. 옛날 중국의 참선하는 중 조주는 제자나 신도들에게 항상 입버릇처럼 지껄이는 말이 "차 마시게"하는 것이다. 이 "차 마시게"가 바로 49제 염불의 한 토막이다.

참선하는 중 운문(雲門)은 그 자신이 떡을 권했다. 이것도 49제 염불 중에 한 토막이다.

중국의 선승(禪僧) 황매와 임재 문하에서 그 제자들과 주고 받던 이야기가 전부 염불로 되어 있다.

수백만원을 들여 49제를 하여도 "차 마셔라" "떡 먹어라" "엿

먹어라"라는 염불로는 그 영혼이 극락에 들어갈 수가 없다. 바로 영혼 문제를 앞세워 사기를 당하고 있다. 예수를 믿는 우리들은 불교의 이러한 잘못된 점을 먼저 알고 이러한 사실도 모르며 우상을 섬기는 그들에게 전도해야 할 것이다.

필자가 아는 중 가운데 전문적으로 각종 불공 제를 올릴 때 염불만 해 주고 돈을 받는 사람이 있다. 상당히 많은 돈을 받고 전국적으로 염불 잘한다고 큰 제만 있으면 뽑혀 다닌다. 그는 다음과 같이 필자에게 말한 적이 있다.

"한창 염불 하다가 보면 할 염불도 없을 때가 있다. 그때는 꽹과리를 크게 치면서 마구 욕설을 섞어 하다가 간혹 나무아미타불 하면 내용 모르는 신도는 돈만 잘 놓고 자기 친척 영혼 극락가는 줄 알고 신나게 절을 꾸벅꾸벅 한다. 욕하는 줄도 모르고서"라고 말한 적이 있다.

여러분! 많은 돈을 들여서 하는 불공과 제 중에 이런 엉터리 내용이 들어 있다. 이렇게 아무런 효험도 없는 부적을 사고 많은 비용과 노력을 들여 가면서 엉터리 염불 욕설이나 섞어하는 49제 불공을 하는 어리석은 사람들이 우리 주변에는 너무나 많다. 이러한 점을 먼저 우리가 알고 그들에게 복음을 전해보자.

2. 부　활

기독교는 죽음 뒤의 내세에 대하여 너무나 명쾌한 해답을 성경이 주고 있다. 여호와 하나님과 동행하던 에녹, 엘리야는 죽음을 보지 않고 승천하였다. 그뿐인가? 예수님 자신은 죽음에서 부활 승천 하시므로 우리에게 내세의 확실한 산 소망을 주셨다. 예수님의 부활을 생각해 보자.

　　　가) 부활에 대한 예언
(1) 예수께서 부활할 것을 예언함.

이는 내 영혼을 음부에 버리지 아니하시며 주의 거룩한 자로 썩지 않게 하실 것임이니이다 (시 16 : 10).
　요나가 밤낮 사흘을 큰 물고기 뱃속에 있었던 것같이 인자도 밤낮 사흘을 땅 속에 있으리라 (마 12 : 40). 인자가 많은 고난을 받고 장로들과 대제사장들과 서기관들에게 버린바 되어 죽임을 당하고 제 삼일에 살아나야 하리라 (눅 9 : 22). 죽은자 가운데서 살아나신 후에야 제자들이 이 말씀하신 것을 기억하고 성경과 및 예수의 하신 말씀을 믿었더라 (요 2 : 22). 나는(예수) 부활이요, 생명이니 나를 믿는 자는 영원히 죽지 아니하리라 (요 11 : 25-26).
　(2) 예수로 말미암아 성도가 부활할 것을 예언함.
　나의 이 가죽 이것이 썩은 후에 내가 육체 밖에서 하나님을 보리라 (욥 9 : 25). 이는 내 영혼을 음부에 버리지 아니 하시며 주의 거룩한 자로 썩지 않게 하실 것임이니라 (시 16 : 10). 주의 죽은 자들은 살아나고 우리의 시체들은 일어나리이다. 티끌에 다 거하는 자들아 너희는 깨어 노래하라 주의 이슬은 빛난 이슬이니 땅이 죽은 자를 내어 놓으리로다 (시 26 : 19). 내 백성들아 내가 놓으리로다 (시 26 : 19) 내 백성들아 내가 너희 무덤을 열고 너희로 거기서 나오게 하고 (겔 37 : 12). 하나님은 죽은 자의 하나님이 아니요 산자의 하나님이시라 (눅 20 : 38). 내 아버지의 뜻은 하늘을 보고 믿는 자마다 영생을 얻는 것이니 마지막 날에 내가 다시 살리리라 하시니라 (요 6 : 40). 주께서 호령과 천사장의 소리와 하나님의 나팔로 친히 하늘로 좇아 강림하시리니 그리스도 안에서 죽은 자들이 먼저 일어나고 (살전 4 : 16).

　나) 예수님의 부활 (그 실례)
　(1) 예수의 부활체
　내 손과 발을 보고 나인 줄 알라. 또 나를 만져보라 영은 살과 뼈가 없으되 너희 보는 바와 같이 나는 있느니라 (눅 24 : 39). 이 말씀을 하시고 손과 옆구리를 보이시니 제자들은 주를 보고 기뻐하더라 (요 20 : 20). 예수께서 가라사대 와서 조반을 먹으라 하시니 제자들이 주신 줄 아는 고로 당신이 누구냐 감히 묻는 자가 없더라 (요 21 : 12). 오직 미리 택하신 증인 곧 죽은 자 가운데서 일어나신 후 모시고 음식을 먹은 우리에게 하신 것이라 (행 10 : 41)

(2) 예수께서 부활하여 나타나 보임.

예수의 부활 후에 저희가 무덤에서 나와서 거룩한 성에 들어가 많은 사람에게 보이니라 (마 27 : 53). 무덤에서 돌아가던 여인들에게 (마 28 : 8-10). 엠마오 도상의 두 제자에게 (눅 24 : 13-23). 베드로에게 (눅 24 : 34). 도마와 사도들에게 (요 20 : 9-20). 열한 사도에게 (행 1 : 9-12). 다메섹 도상의 바울에게 (행 22 : 17-19). 밧모섬의 사도 요한에게 나타나 보이심 (계 1 : 10-19).

(3) 예수 부활의 증거

해 받으신 후에 또한 저희에게 확실한 많은 증거로 친히 사심을 나타내사 사십 일동안 저희에게 보이시며 하나님 나라의 일을 말씀하시니라 (행 1 : 3). 하나님께서 사망의 고통을 풀어 살리셨으니 이는 그가 사망에게 매여 있을 수 없었음이라 (행 2 : 24). 이 예수를 하나님이 살리신지라 우리가 다 이 일에 증인이로다 (행 2 : 32). 사도들이 큰 권능으로 주 예수의 부활을 증거하니 우리가 큰 은혜를 얻어 (행 4 : 33) 이는 바울이 예수와 또 몸의 부활 전함을 인함이러라 (행 17 : 18). 성결의 영으로는 죽은 자 가운데서 부활하여 능력으로 하나님의 아들로 인정되셨으니 곧 우리 주 예수 그리스도시니라 (롬 1 : 4). 장사 지낸 바 되었다가 성경대로 사흘 만에 다시 살아나서 (고전 15 : 4). 나의 복음과 같이 다윗의 씨로 죽은 자 가운데서 다시 살으신 예수 그리스도를 기억하라 (딤후 2 : 8).

다) 성도의 부활
(1) 성도 부활의 증거 (그 실례)

여호와께서 엘리야의 소리로 들으시므로 그 아이의 혼이 몸으로 돌아오고 살아난지라 (왕상 17 : 22). 에스겔 골짜기 마른 뼈가 살아난 실례 (겔 37 : 1-10). 야이로의 딸이 예수의 말씀에 의해서 살아나다 (마 9 : 25). 저희앞에서 변형되사 그 얼굴이 해 같이 빛나며 옷이 빛과 같이 희어졌더라 (마 17 : 2-3). 무덤들이 열리며 자던 성도의 몸이 많이 일어나되 (마 27 : 52). 죽었던 자가 일어나 앉고 말도 하거늘 예수께서 그를 어미에게 주신대 (나인성 과부의 외아들이 예수에 의해 살아나다) (눅 7 : 15).

(2) 성도의 부활체

죽은 자의 부활도 이와 같으니 썩을 것으로 심고 썩지 아니할 것으로 다시 살며 (고전 15 : 42). 욕된 것으로 심고 영광스러운 것으로 다시 살며 약한 것으로 심고 강한 것으로 다시 살며 (고전 15 : 43). 육의 몸으로 심고 신령한 몸으로 다시 사나니 육의 몸이 있은즉 또 신령한 몸이 있느니라 (고전 15 : 44). 우리가 흙에 속한 자의 형상을 입은 것같이 또한 하늘에 속한 자의 형상을 입으리라 (고전 15 : 49). 이 썩을 것이 불가불 썩지 아니할 것을 입겠고 이 죽을 것이 죽지 아니함을 입으리라 (고전 15 : 53).

독자 여러분! 불교의 49제와 기독교의 부활을 비교한 이 글을 읽고 전자는 수수께끼 같은 황당 무계한 것이고 후자는 명명백백한 사실이라고 생각되어지지 않는가? 죽음을 넘어선 영혼 문제를 돈으로 흥정하는 싸구려 시장 바닥의 바겐세일하는 49제와 같은 것으로도 결코 해결점을 찾을 수 없다. 기독교의 부활이야말로 믿는 자들에게 확실히 주어지는 빛나는 소망이다.

차가운 겨울이 가고 만물이 생동하는 이른 봄을 맞을 준비를 하면서 우리 얼음장 같은 영혼의 죽음마저 녹인 예수님의 부활을 생각하며 머지않아 이 세상 마치는 날 파아란 새싹이 움 돋는 부활을 생각하면서 우리 다 같이 낙심하지 말고 소망의 봄을 향하여 달려가자.

진실한 용서

　인간 생활이 복잡해 지면 질수록 타인을 이해하고 용서하는 마음이 없어져 간다. 옛날 우리의 조상들은 아름다운 마음씨를 가졌다. 남에게 고의적이든 실수였든 잘못을 범했든 때로는 용서도 빌줄 알았고 또 용서하는 순박한 인심도 있었다. 현대인들같이 고소장을 들고 언성을 높이며 서로의 이해타산이 교차하는 가운데 금전으로, 실랑이로서 매듭지어지는 용서와 화해가 홍수처럼 범람하는 시대에 인간의 근본 마음의 자리가 서야 할 좌표와 번지가 없는 메마른 세태에 고뇌하는 안타까움에서 불교(佛敎)와 기독교의 입장에서 진실한 용서를 한번 생각해 보자.

　먼저 불교에서는 용서에 대한 어떠한 가르침이 있을까 ? 석가 선생이 불교를 전한지 4년쯤 되었을 때 그 해 여름에 가뭄이 오랫동안 계속되어 강물도 말라들어 전답에 물대기가 매우 어려웠다. "카필라성"과 "코올리성" 두 나라 사이에 흘러가는 "로오히니" 강물을 두고 두나라 백성 사이에 물 싸움이 벌어졌다. 옛부터 농경국가에서는 물 싸움은 흔한 일이었다.
　근간에 우리 나라에도 한해로 인해서 농민들이 죽이고 따지고 해서 법정에 서는 일까지 있었다. 있을 수 있는 일이다. 그 강물을 이용하여 농사를 지어야 될 두 나라 백성들은 서로 물을 뺏기 위해

욕설을 퍼붓다가 나중에는 몽둥이나 칼을 들고 싸우게되어 양쪽에서 여러명의 사상자가 생기게 되었다.
　카필라성의 왕자였던 석가선생도 두나라 백성의 대표들을 불러 말씀하셨다. "어찌들 여기 모였는가?" "싸우기 위해서 입니다" "왜 싸우려는가?" "전답에 공급할 물 때문입니다." "사람의 생명과 물을 비교하면 어느 것이 더 소중한가?" "그것은 말씀할 것도 없이 물은 사람의 생명에 비교할 것도 아닌 줄 생각합니다" "그러면 어찌하여 몇푼어치 되지 않는 물을 위하여 값으로 따질 수 없는 사람의 생명을 서로 살해하여 없애려 하는가?" 그들은 다시 말이 없었다. 이에 석가는 설법을 시작했다. "이것은 옛날 이야기다. 깊은 산골에 검은 사자 한 놈이 있었는데 언제나「바나나」나무 밑에 누워서 다른 짐승이 오기를 기다리고 있었다. 어느 때 바람에「바나나」나무의 마른 가지가 부러져 내려 오면서 사자 등머리를 후려쳤다. 이에 놀라 깬 사자는「날 살려라」고 도망치다가 뒤를 휙 돌아다 보니 아무것도 자기를 쫓아오는 것은 없었다.「이것은 다만 나무귀신이 나를 미워하여 그 나무 밑에서 자고 있는 나를 내쫓기 위한 것이다」라고 생각하고 사자는 성이 나서 다시 돌아가 그 나무를 물어뜯으며「나는 너의 잎 하나도 먹은 일이 없으며 한 가지도 꺾은 일이 없지 않은가? 좋다! 나는 네 뿌리를 잡아 뽑아 버리리라」라고 사람을 찾아갔다. 마침 수레 만드는 공인(工人)이 목재를 구하러 왔다. 사자는 그 공인에게「바나나」나무의 있는 곳을 알려 주어 공인(工人)은 그 나무를 베어 수레를 만들려 했다. 사내는 톱으로 그 나무를 베어 내었다. 이에 나무귀신도 화가 나서 사람 모양으로 나타나서 말하기를「너는 이 나무를 베어 수레를 만들려 하는구나 그런데 그 수레 바퀴에는 검은 사자목에 있는 가죽을 감으면 매우 튼튼하니라. 저 검은 사자를 잡아 가죽을 벗겨라」고 꾀었다. 사내는 기뻐서 나무귀신이 시키는 대로 검은 사자를 잡아 가지고 갔다 한다. 그대들이여 이 이야기의 내용과 같이 사람들은 변변치 않은 오해로 인하여 다투게 되며 또 서로 해치고 죽이기까지 하니 얼마나 어리석은가?"

 석가선생의 설법은 끝이 났다. 불교의 가르침은 사람들이 물질로 인한 욕심으로 서로 싸우다가 나중에 서로 죽고 만다는 교훈을 준 것이다. 어디까지나 화해지 진정한 용서의 의미는 아닌 것이다.

 그러면 기독교의 용서(容恕)를 한번 생각해 보자. "서로 인자하게 하며 불쌍히 여기며 서로 용서하기를 하나님이 그리스도안에서 너희를 용서하심과 같이 하라"(엡 4 : 32).
 첫째 하나님이 화해의 주도권을 쥐고 있다.
 인간들은 상대방에게 용서를 먼저 청하러가면 그 체면, 인격, 자존심, 주위의 사람들의 시선을 의식하면서 굴욕을 어느 정도 감수하면서 그 문안으로 마지 못해서 들어선다. 그래서 잘못인줄 알면서 좀처럼 용서를 구하지 않고 오히려 교만 방자하게 날뛰면서 자기 합리화와 변명에 급급한다. 그래서 우리 속담에 "엎드려 절 받기"란 말이 있다. 즉 타인으로부터 억울한 피해를 당하고 그냥 있자 하니 주위에 못난 사람 취급 받겠고 혈기를 부리자니 점잖은 인격에 먹칠을 하겠고 그냥두고 넘기고 참아 보자니 울화통이 터져 못견디겠고 하는 수 없이 중간에 사람을 넣어서 용서를 빌러 오도록 하는 경우를 말하는 것이다. 이때 용서를 하는 이나 용서를 구하는 이나 다 같이 막상 입술로는 말을 하고 있지만 마음 속에는 얼음장 같이 냉냉한 마음일 것이다.
 이것은 어디까지나 인간들이 하는 방법이고 하나님은 그렇지 않으신다. 인류의 조상 아담이 하나님께 범죄하므로 말미암아「에덴」동산에서 쫓겨 났다. 그런데도 하나님께서는 인간을 사랑하셔서서 그의 가장 아끼는 외아들 예수 그리스도를 범죄 타락한 인간의 모습으로 이땅에 보내서 우리의 죄짐을 걸머 지시고 십자가의 형벌로써 죽기까지 하시고 나중에는 버러지 같은 우리 인간에게 산 소망을 주시려고 부활 승천하셨다. 하나님의 사랑이 놀라우며 인간이 하나님께 용서를 구하려 먼저 간 것이 아니고 하나님께서 용서의 주도권을 가지시고 먼저 찾아 오셨다. 그러므로 "예물을 제단에 드리다가 거기서 내 형제에게 원망 들을 만한 일이 있는 줄 생각나거든 예물을 제단 앞에 두고 먼저 가서 형제와 화목하고 그 후에 와서 예물을 드리라"(마 5 : 23 - 24). 그러므로 성도들은 예수님의 가르침처럼 죄를 범했을 때 먼저 용서를 빌기위해 찾아가는 주도권을 가져야 겠다. "네 형제가 죄를 범하거든 가서 너와 그 사람과만 상대하여 권고하라 만일 들으면 네가 네 형제를 얻을 것이요"(마 18 : 15). 우리 이웃이 실수하거든 먼저 찾아가되 은밀히 만나서 그리스도의 사랑으로 권면하고 용서를 해 주라는 것이다.

둘째로 하나님이 어떤 용서를 하셨는가? "우리가 아직 죄인 되었을 때에 그리스도께서 우리를 위하여 죽으심으로 하나님께서 우리에게 대한 자기의 사랑을 확증하셨느니라"(롬 5 : 8). 독자 여러분! 돼지와 같이 한 우리안에서 여러분 자신이 3개월 가량 생활하였다고 하자. 여러분은 아마 정신적으로 큰 충격을 받을 것이며 그 불결하고 추한 것들이 머리속을 온통 지배할 것이다. 100% 미치고 말 것이다.

예수님께서는 하나님의 아들로서 아무 죄와 허물이 없고 의로우신 분으로 우리 인간의 죄를 대신 걸머 지시려고 돼지우리같이 더러운 범죄 타락한 인간 세상에 33년이나 계시다가 구속 사업을 완성하시고 지금도 하나님 우편에서 우리의 죄를 용서하시도록 성부 하나님께 빌고 계신다. 인간들이 사용하는 용서라는 말은 서로 필요에 의해서 행하여지는 얄팍한 협상이다. 진정한 용서에는 눈물의 아픔과 크신 희생이 반드시 따라야 한다. 하나님의 사랑은 크시고도 아름답다.

셋째 용서의 한계는 어디까지 일까? "그 때에 베드로가 나아가 가로되 주여 형제가 죄를 범하면 몇번이나 용서하여 주리이까 일곱번까지 하오리까 예수께서 가라사대 네게 이르노니 일곱번 뿐 아니라 일흔번에 일곱번이라도 할찌니라"(마 18 : 21 - 22). 용서의 한계는 무한하다. 이 얼마나 감격스러운 일인가? 우리는 한번 더 새삼스럽게 하나님 은혜에 감사하자.

넷째로 용서받지 못할 사람은 누구인가? 용서(容恕)라는 말 자체의 의미는 얼굴을 마주 바라보며 그 마음들이 같아야 한다는 뜻이다. 하나님께서는 끝없는 사랑으로 우리 인간들을 바라보고 계신다. 그 얼굴 바라보기 싫어하여 돌아서서 뒷 모습으로 하나님과 맞서고 있는 사람들이다.

예수님을 구주로 영접하지 않기 때문에 용서 받지 못하고 하나님의 자녀도 되지 못할 뿐만 아니라 지옥행 급행 열차를 타고 영원한 죽음으로 향하여 달려가고 있는 사람이다. 얼마나 두렵고 애석한 일인가? 독자 여러분! 불교의 용서와 기독교의 용서의 차이점은 여러분 스스로 느꼈으리라 생각된다.

그까짓 물질 문제의 이해타산에 얽힌 용서는 진실한 용서가 아니다. 진실한 용서는 피조물로써 죄인된 우리가 회개하고 마음문도 열고 하나님의 얼굴을 향하여 나아갈 때에 하나님께서 하시는 것이다.

매일 매일의 삶 속에서 예수님도 닮아가면서 믿지않은 사람들에게 복음을 전하자. 아울러 예수님의 제자로서 겸손하게 용서의 모범을 보여주면서 은혜의 풍성한 삶을 살아가자.

불교교리의 허구성

    사람이 살아가면서 부딪치는 여러가지 장애물중에 가장 심각한 것은 아마도 자신의 삶의 의의와 목적이 무엇이냐는 문제일 것이다.
    인류역사가 있는 이래로 사람마다 적어도 한번쯤은 이 문제를 생각해 보았을 것이다. 세상의 종교들이 이 문제에 대한 해답을 제공할 목적으로 존재한다고 할만치 이 문제는 간단하지 않다.
    옛날 중국에 양주라는 사람이 있었다.
    어느 여름날 저녁 마을 사람들이 횃불을 들고 잃어버린 양을 찾아 나서는 사건이 일어났다. 얼마후 그는 제자들에게 양을 찾았느냐고 물었다. 제자들은 마을 사람들이 양을 찾아 길을 가다보니 그 길이 두갈래로 나누어지고 또 길이 네갈래로 나누어 지더니 나중에는 사람 숫자보다 길 숫자가 더 많아져 결국 양을 못찾고 말았노라고 대답하였다. 이 말을 듣고난 양주는 이튿날 부터 식음을 전폐하였다. 제자들이 "선생님 그까짓 양한마리 일로 식음을 전폐할 것까지 있습니까?"라고 물으니 그는 "양의 걸음이 사람보다 빠르지 못한데 어찌 양을 찾지 못했는가? 이는 길(道)이 너무 많은 연고니라. 대저 천하의 근본 도는 하나일찐대 도(道)가 너무 많아서 사람들이 허탄한 도를 좇을까 염려스러우며 선현의 가르침도 복잡하고 방대하여 다 깨닫기 힘들고, 또 도는 사람을 떠나 먼 곳에 있는 것이 아니라 자기 안에 있거늘 사람들이 이를 알지 못하여 산이나 강, 여러 선생을 찾아 몰려다니니 이 어찌 슬픈 일이 아닌가? 나도 천하의 하나뿐인 근본 도를 알지 못하니 어찌 너희들을 가르칠 수 있느냐, 이를 슬퍼한다"고 말하였다.

불교조사들의 가르침에 불(부처), 법(부처의 가르침), 승(부처의 가르침을 따르는 승려)을 두고 쌀·보리·콩이라고 한 것이 있다. 이 비유의 뜻은 불교수행은 어디까지나 냉난자지(冷暖自知)이니 스스로 알라는 것이다. 필자는 이 비유의 뜻을 알기 위해 6개월간 참선했는데 그때 깨달은 것은 다음과 같다.

쌀·보리·콩을 한꺼번에 넣고 밥을 지어보면 쌀은 잘 보이지 않고 보리와 콩만 드러난다. 깨달음인 부처 즉 쌀은 안보이고 불법인 도, 즉 보리만 나 보란듯이 나타난다. 그 위에 퉁퉁불어 살이 찐 콩, 즉 승려가(내 자신이) 도승같이 오만하게 나타난다.

시꺼먼 보리밥인 도가 너무 많다. 그많은 도중에 참도는 어떤 것일까? 말세에 인류를 미혹하는 도가 많아 필자는 수십년간 몸 담았던 불교를 떠나 참 가르침인 기독교로 개종하였다. 참도는 하나뿐이다. 기독교의 빛안에서 허구로 드러나는 불교의 몇가지 교리를 지적해 보고자 하며 이것이 혹시 독자들에게 도움을 줄 수 있다면 다행이겠다.

1. **죄사함에 관하여**

달마대사는 남인도 향지국의 왕자로 태어나 일찌기 출가하여 수도하던 중 중국으로 건너왔다. A.D 502 년에 즉위한 양무제는 절을 많이 창건하고 승려들에게 물질 보시도 많이 하여 불심천자란 소리를 들을 정도였다. 그런 양무제가 달마대사와 첫 대면을 하게 되었다. 그때 양무제가 달마대사에게 물었다. "짐이 절을 많이 짓고 스님들에게 공양을 베풀고 물질적 보시를 많이 했는데 그 공덕이 많습니까?" 달마대사가 대답하기를 "공덕은 하나도 없습니다. 황제폐하께서 하신 일은 복을 받을 수 있는 일이긴 해도 죄를 없앨

수는 없습니다"라고 했다.

여기서 우리는 인간이 어떤 노력과 물질로서도 죄를 사할 수 없다는 사실을 알게된다. 금강경에 "수보리야 뜻이 어떠하냐? 만약 사람이 삼천대천세계에 가득찬 일곱가지 보배로 보시(남을 도와 자비를 베품)에 쓴다면 이 사람이 얻은 바 복덕이 얼마나 많다 하겠느냐?" 수보리 말씀하시되 "심히 많습니다. 세존이시여, 왜 냐하오면 이 복덕의 성품이 아닐세 여래께서 복덕이 많다 말씀하심이니이다"란 구절이 나오는데 이것의 뜻은 온 세계에 가득찬 물질로서 보시해도 복이 되지 않는다는 것이다. 그런데 오늘날 한국의 사찰에서는 시주 많이 하면 죄 사함 받고 복을 많이 받는다고 신도들에게 가르치고 있다. 이것은 불교의 근본 가르침에서 벗어난 것이다. 공양미 삼백석으로 부친의 눈을 뜨게 한 심청이의 설화까지 동원하여 신도들의 재물을 약탈하는 것은 파렴치한 행위일 뿐 아니라 불교에도 없는 것을 가르치는 것이다.

다시 금강경에 "만약 다시 사람이 있어 이 경가운데 적어도 사구게만이라도 받아 가져서 다른 사람을 위하여 설(說)하면 그 복이 저보다 크리니"라는 구절이 있다. 여기서 사구게(四句偈)란 무엇인가? 그것은 "무릇 있는바 형상이다. 이는 허망한 것이니 만약 모든 형상이 진실한 형상이 아니라고 보면 곧 참 진리(여래)를 보리라"는 것이다.

불교의 근본 가르침은 우상 즉 불상숭배가 아니다. 부처 앞에 재물을 바치고 절하면 죄사함 받고 복받는다는 것은 불경의 어느 구석에도 없다. 돈벌이 수단으로 불교를 그릇 이용하는 것이다. 죄에 대한 불교의 가르침에는 "마음과 식(識)이 환상의 사람이고 본래 없으니 죄와 복이 모두 공(空)해서 머무르는 곳이 없다"고 되어 있다. 또 다른 곳에는 "모든 선한 일이 근본 환상이요 악한 행동을 지은 것도 역시 환상이라. 몸은 물거품과 같고 마음 또한 바람과 같으니"라고 하였다. 같은 내용이지만 다른 곳에서는 "마음 역시 없는 것, 죄와 복이 환상과 같아서 가고 역시 없어진다"고 말하고 있다.

이것들을 종합해 볼 때 모든 생 자체를 환상으로 보고 복도 그 환상이 끝나면 아무것도 없다고 허무주의적으로 가르치고 있다. 그러나 여래장경, 승만경 등에 보면 인간이 행한 행위가 복이든지 죄든지 업(業)이 되어 아라야식에 저장되어 다음 생으로 윤회한다고 가르친다.

이것은 앞뒤가 안맞는 모순이다. 이상의 것으로 고찰해볼 때 석가도 인간이기 때문에 죄를 사할 수 없다는 것을 달마대사 같은 이는 양심적으로 갈파한 것이다.

기독교의 가르침은 어떠한가? 막 2:1-7에는 중풍환자를 고쳐주신 예수님의 이적이 기록되어 있다. 거기에 보면 예수님께서 죄를 사할 수 있는 권세를 가졌음을 알 수 있다. 그렇다. 예수님은 하나님이시기 때문에 죄를 사하실 수 있는 것이다.

죄의 삯은 사망이라고 하였다. 욕심이 잉태하여 죄를 낳고 죄가 장성한 즉 사망을 낳는다고 하였다. 필자는 기독교로 개종한지 이제 겨우 1년정도 되었으므로 성경을 읽기는 했어도 정확하게 어디에 어떤 말씀이 있는지 잘 모른다. 그래서 이 논제에 대해 많은 성경적 근거를 제시하지 못함을 이해하기 바란다.

팔만대장경과 그것이 해설서인 론(論)과 소를 다 뒤져 보아도 죄문제를 심각하게 다룬 곳이 없으며 따라서 불교를 통해서는 죄 사함의 문제를 해결받을 수 없다.

2. 생사에 관하여

옛날 석가 당시 인도의 구시라성 가까이 있는 시다 숲에서 생긴 일이다.

석가가 시다숲을 지나가니 한 젊은 과부가 외아들을 잃고 애통하여 울고 있었다. 이에 석가는 "자매여, 죽음이란 우리 인간 누구나에게 있는 것이므로 심히 울지 말라"고 하였다. 그러나 그 과부는 더욱 울며 "석가세존이시여, 우리 아들을 살려 주십시오"라고 애원하였다. 이에 석가는 과부에게 "마을에 들어가서 사람이 죽은 일이 없는 집의 쌀을 얻어다가 죽을 끓여 먹이면 아들이 살 것이니라"고 가르쳐 주었다. 기쁨을 감추지 못한 과부는 성에 들어갔으나 한참 후에 풀죽은 모습으로 돌아왔다. 하루종일 돌아다녀도 사람이 죽지 않은 집이 하나도 없어서 쌀을 얻지 못했다는 것이다. 이에 석가는 사람은 나면 한번은 반드시 죽는다는 진리를 가르쳐 보냈다.

여기서 우리는 석가가 인간으로서 지혜를 짜내어 죽음 그 자체를 숙명으로 받아 들이도록 했을 뿐 죽음의 문제를 해결하지는 못했다는 것을 알 수 있다. 그러나 예수님께서는 나인성 과부의 외아들을 죽음에서 살려 주셨다.

불교의 모든 수행이 생사초월을 말하고 있으나 초월은커녕 제자리 걸음만 하였다고 볼 수 있다. 기독교는 죄에서 출발하여 사망의 권세까지 예수님께서 깨뜨리셨다. 이것이 참 종교의 가르침인 것이다.

독자 여러분, 같은 과부의 외아들의 죽음 앞에서 불교와 기독교의 가르침이 너무 차이가 많지 않은가?

끝으로 필자의 소원은 불교인들이 참진리를 속히 발견하기를 바라며 먼저 기독교를 믿는 신자들은 더욱 신앙생활을 잘하기 바란다. 이글이 독자 여러분들에게 조금이라도 도움이 되었으면 좋겠다.

궁자와 탕자

　찌들고 못나고 가난에 빠진 아들이 부유하고 모든 것이 풍성하며 사랑이 많은 아버지에게 돌아온 이야기가 있다. 지금부터 40년전 8.15민족 광복을 맞아 일본에서 남양군도에서 멀리 만주, 중국대륙에서 조국을 찾아 기쁨을 안고 돌아오던 8월 15일을 생각하며 이 글을 쓴다. 불교와 기독교가 가르침의 방법에 있어서 비슷한 점은 어떤 진리를 설명할 때 이해하기 쉽도록 비유를 많이 사용한 점이다.
　예수님의 비유중에 탕자(蕩子)의 비유가 있는가 하면 석가의 가르침에도 거의 비슷한 궁자(窮子)의 비유가 있다.
　불교의 궁자(窮子)란 찌들게 가난하고 궁한 아들이란 뜻이고 기독교의 탕자(蕩子)란 부패 타락하고 방탕한 아들이라는 뜻이다. 불경중의 하나인 법화경에 있는 일곱가지 비유중에 궁자(窮子)의 비유는 다음과 같다.
　옛날 인도의 한 마을에 아버지와 아들이 함께 살았는데 집안이 너무나 가난하여 식구가 굶주려 죽게 되었다. 부자가 함께 구걸해 먹으려고 마을로 다녔다. 아버지 몫, 아들 몫 한꺼번에 약간의 동정을 해 주었으나 굶주림은 마찬가지였다. 할 수 없어서 후일에 만날 기약도 없이 부자는 각각 헤어져서 구걸해 먹기로 하였다.
　20여년의 세월이 지나서 아버지는 그동안 갖은 고생을 하면서 상인의 심부름꾼도 하고 때로는 노동도 하며 돈을 모았다. 많은 돈을 모아서 비록 낯선 고장이지만 거부(巨富)가 되었다. 아버지는 부유하게 되었으나 아들은 여전히 궁핍하여 때로는 노동도 하지만 구걸해 먹는 것이 주된 생활이었다.

하루는 아버지가 여러 사람들과 잔치를 벌리고 있는데 한 가난한 거지가 찾아왔다. 아버지는 그것이 자기 아들이라는 것을 한 눈에 알아 보았지만 아들은 너무나 부유한 부잣집이라서 그 유력자가 아버지라는 것을 몰라 보았다. 참으로 20여년만에 만나는 아들이 아닌가? 순간 반갑지마는 또한 당황하였다. 만일 그자리에서 그 거지가 자기 아들이라는 것이 밝혀지면 인도같이 계급이 철저한 사회에서 먼 옛날의 자기의 거지 신분이 탄로날 것이 뻔했기에 모른체 했다. 다행히 아들은 아버지를 알아 보지 못했다.

얼마나 고마운 일인가? 그래도 아버지는 인간적인 연민에서 그 거지 아들에게 좋은 음식을 한상 차려 주라고 하인에게 부탁을 하였다. 이때 그 거지 아들은 분수에 넘치는 음식상을 받고 이때까지 이런 대접을 받아 본적이 없어서 마음에 의심과 공포심이 일어나서 음식도 들지 않고 이웃 마을로 도망을 하여 갔다. 이때 아버지는 평생 거지로서 궁핍하게 살아온 아들에게 너무 갑작스럽게 과분한 대접을 한 결과 아들이 도망가는 것을 보고 자기의 심복하인을 시켜 그 아들을 불러 오물(똥, 오줌)푸는 일부터 품삯을 주어 가면서 시켰다.

차츰 차츰 일의 종류도 바꾸어서 몇년 후에는 그 재산도 정리하는 감독까지 시키게 되었다. 그리고 그 아버지는 자기가 죽을 때 여러 사람들 앞에서 자기 아들임을 밝히고 그 재산도 전부 상속해 주었다 한다. 여기서 불교의 교훈은 아무리 좋은 것이라도 그것을 가질만한 사람에게 주어야 된다는 것을 말하고 있다. 그렇게 하기까지 그 거지 아들을 상당한 기간 훈련을 시킨 것이다. 현대판 경영자 세미나와 같은 것이다.

기독교의 탕자(蕩子)의 이야기를 한번 생각해 보자. 부자집 둘째 아들이 아버지로부터 벗어나서 마음대로 자유롭게 한번 살아보고 싶었다. "그 둘째가 아비에게 말하되 아버지여! 재산 중에서 내게 돌아올 분깃을 내게 주소서 하는지라." 우리는 이 둘째 아들의 이 같은 요구를 하나의 권리로 생각하여서는 안된다. 그것은 한갓 부탁에 불과한 것이다. 영적인 의미에서 이같은 요구는 하나님에게서 독립하고자 하는 인간의 욕망에 불과한 것이다. "아비가 그 살림을 각각 나눠주었더니." 둘째 아들은 슬픔이 예상되는 그 분깃을 받아 자기 자신의 주인이 된 것이다. 그후 며칠이 못되어 자기 재산을 모아 가지고 먼 나라로 갔다. "다 모아 가지고" 떠난다는 말은 인간 측에서 세상으로부터 얻을 수 있은 것이란 모조리 얻어 보겠다는 결심을 가지고 모든 자기 정력을 집중시키는 것을 암시하는 것 같다. 그 "먼나라"는 하나님이 계시지 않는 나라, 즉 하나님에 대한 망각의 세계이다.

거기서 그는 허랑방탕하여 그 재산을 허비하기 시작했다. 재산은 너무나 빨리 허비되었다. 얼마 동안은 그 재산으로 먹고 마시면서 자기의 자유를 누릴 수도 있었다. "다 없이한 후 그 나라에 크게 흉년이 들어 저가 비로소 궁핍한지라." 그는 자신의 비참한 모습을 발견하기 시작했고 아버지를 떠난 것이 악이요 고통인 것을 깨닫게 된다. 탕자가 비로소 궁핍하기 시작한 것은 분명히 그에게 있어서 집으로 돌아오라는 소환장과 같은 것이다. "저가 돼지 먹는 쥐엄 열매로 배를 채우고자 하되 주는 자가 없는지라." 짐승이 먹는 음식은 사람의 욕구를 채워줄 수 없었기 때문이다.

그래서 하나님 외에는 그 누구도 인간 영혼의 깊은 갈망을 만족시켜 줄 수가 없다. "이에 스스로 돌이켜 가로되 내 아버지에게는 양식이 풍족한 품군이 얼마나 많은고 나는 여기서 주려 죽는구나."

탕자는 일어나서 풍성한 아버지 집에 돌아가기 시작하였다. "내가 하늘과 아버지께 죄를 얻었사오니." 이는 눈물어린 회개였고 하나님

안에서 참 자아를 발견하였다. "이에 일어나서 아버지께로 돌아가니라. 아직도 상거가 먼데 아버지가 저를 보고 측은히 여겨 달려가 목을 안고 입을 맞추니." 하나님께서는 죄인이 회개하고 돌아오기를 얼마나 애절하게 기다리고 계시는가?

불교에서는 궁자가 오니 그 아비는 자기의 과거가 폭로될까 두려워 외면하나 기독교에서는 더러운 죄인을 아들로 대우해 주고 죄도 묻지 않고 사랑해 주신다. 이점이 기독교는 참사랑의 종교임을 분명히 한다.

그의 아버지는 "종들에게 이르되 제일 좋은 옷을 내어다가 입히고 손에 가락지를 끼우고 발에 신을 신기라" "이 내 아들은 죽었다가 다시 살아났으며 내가 잃었다가 다시 얻었노라 하니 저희가 즐거워 하더라." 독자 여러분! 똑같은 가난한 아들이 부자인 아버지께로 돌아온 이야기이지만 불교의 궁핍한 아들 궁자(窮子)하고 기독교의 부패 타락한 탕자(蕩子)와는 출발점과 그 결과가 엄청난 차이가 있다고 생각되지 않은가? 불교에서는 아들도 아버지도 가난하였다. 아무리 번뇌를 끊을래야 끊을 수 없고 영적으로 볼 때 거지였다. 그러니 마음에 풍성이 깃들 수 없다.

비록 물질적으로 약간의 부유함을 누렸으나 그것은 한 찰라에 지나지 않는다 - 황금이 소나기처럼 쏟아 질지라도 사람의 욕망을 다 채울 수는 없다. 욕망에는 짧은 쾌락에 많은 고통이 따른다 - 20여년 만에 아버지와 아들의 만남인데 비록 아들은 아버지를 못 알아 보았다 하더라도 아버지는 그 여전한 거지 아들을 자기의 혈육인 줄 분명히 알면서도 몰인정하게 외면하는 것이 진정 자비인가? 공자는 효경에서 "부모의 자식에 대한 사랑, 자식의 어버이에 대한 정, 이는 가르쳐 주지 않더라도 하늘에서 내려 준 자연의 마음인 것이라"고 했다.

불교는 말로서는 남은 도와야 되고 자비를 베풀어야 한다고 하나 처음부터 가난뱅이 궁자(窮子) (즉 영적으로 볼 때)이니 남을 사랑하고 도울 여유가 없다.

　불교는 영적으로 사랑이 없고 죽음의 종교이다. 탕자는 그 아버지의 재산을 몽땅 날려 버렸다. 크게 타락해 본 사람은 큰 사랑을 깨닫는다고 한다. 아무리 죄를 많이 짓고 추한 모습이지만 돌아온 아들을 아버지는 기꺼이 영접했다. 하나님의 사랑이 너무나 눈물겨운 드라마가 아닌가！

　기독교는 남의 불행을 위해 기도해 주고 같이 그리스도의 사랑을 진심으로 나누는 참 생명의 진리가 있다. 우리나라의 수많은 불교 사찰과 그 많은 재산이 있지만 인간의 생명의 존엄성을 치료하는 병원하나 제대로 운영하지 않고 있다. 반면 기독교에서는 인류애로써 수많은 병원 등 시설을 운영하고 있다. 불교를 믿으면 믿을수록 육신과 영혼이 궁자(窮子)처럼 더욱더 가난해 지며 거지가 되어 간다. 하루속히 사랑과 생명이 있는 기독교로 돌아오라. 불교에서처럼 그 아비가 거지라고 자식을 외면하는 것이 아니라 하나님께서는 여러분이 돌아오기를 기다리고 계신다.

　먼저 믿는 성도 여러분！ 우리 다 같이 영적으로 가난해가고 있는 불교신자와 불신자들에게 하나님의 풍성한 은혜의 선물을 전해 주자. 8.15광복의 기쁨을 맛봄같이 우리 민족이 예수님의 사랑으로 돌아오기를 바라면서 이 글을 쓴다.

정토와 옥토

 사람은 어느 때를 막론하고 정초가 되면 마음 가짐을 새롭게 한다. 우리 민족의 고유 명절인 구정을 보내면서 마음을 한번 정리해 보자. 불교에서는 마음을 첫째 딱딱한 돌과 같은 마음, 둘째 모래밭과 같은 마음, 셋째는 맑고 잔잔한 거울과 같은 바다의 마음이 있다고 가르친다.
 돌과 같은 마음은 남들로 부터 억울한 일을 당했다든가 기분 상한 말을 들었을 때 증오와 복수심을 마음에 새겨놓고 보복의 기회를 엿보는 사람의 마음을 가리킨다. 돌에 글자를 새기면 영영 지워지지 않고 설혹 지워진다 하여도 상당히 큰 흔적이 남게 된다. 이런 사람들을 가리켜 범부 중생이라 한다.
 모래밭과 같은 마음은 타인으로 상처나 피해를 입을 그 당시에는 참을 수 없는 분노로 일그러지지만 시간이 가면 그 상처를 곧 잊어버리는 마음을 가리킨다. 모래밭에 글자를 쓰면 처음에는 글이지만 바람이 불면 자취도 없이 사라져 버린다. 이런 마음을 가진 사람을 현자(어진 이)라 한다.
 맑고 잔잔한 거울과 같은 바다의 마음은 타인으로부터 어떤 억울한 일을 당하거나 많은 피해와 상처를 입어도 묵묵부답 아무런 반응을 나타내지 않는 마음을 말한다. 즉 맑고 잔잔한 바다물에는 글자를 써도 글자가 남지 않는다는 것이다. 이런 마음을 부처의 마음이라 한다. 처음 들을 때는 굉장히 고상하고 상당히 높은 진리가 있는 줄 생각하고 불교의 가르침에 홀딱 반하게 되어 있다.

그런데 위의 마음도 자세히 생각해 보면 모순과 불합리한 것을 발견할 수가 있다. 아무리 악한 사람이라 하더라고 시간이 가면 지나온 일을 회상하면서 용서하고 체념의 상태가 될 수가 있다. 그러니 딱딱한 돌과 같은 마음을 항상 가진 사람은 있을 수 없다. 모래와 같은 마음을 가진 사람은 우리들 대부분이 아닐까? 물론 잔잔한 물과 같은 맑은 거울의 마음을 가진 사람도 있을 수 있다. 잔잔한 거울과 같은 바다란 없다. 아무리 맑은 날씨라도 바다에는 잔물결이 그칠 날이 없다. 결과적으로 일순간이나마 사람들은 부처의 마음을 가질 수가 없다는 것을 알 수 있다. 생명이 없는 돌부처도 움직이지 않는 마음 즉 부동수(不動水 : 움직이지 않는 잔잔한 물) 같은 마음이라고 하지만 말 차이에는 자기 모순에 **빠**진다. 우리는 생명있는 사람이기에 마음에 대해서 종교적으로 어떤 해답을 얻으려고 노력하고 있다. 어찌 생명없는 우상의 마음을 배울 수 있으랴? 설사 불교의 가르침이 있다고 하더라도 우리가 실천 도달할 수 없으면 아무짝에도 쓸모없는 교훈이 되고 말 것이다. 이것이 불교 가르침의 모순이다.

기독교의 예수님 마음에 대한 가르침을 한번 생각해 보자. 성경은 씨뿌리는 자의 비유에서 딱딱한 길바닥 같은 마음, 돌짝밭같은 마음, 흙은 있으나 가시 덩쿨이 쌓인 마음, 옥토와 같은 마음을 말씀하고 있다. 딱딱함과 돌과 가시 덩쿨은 악한 것을 말하고 흙은 (인간의 본향) 선한 것을 말씀한다고 생각한다. 위의 네가지 밭에 흙이 많고 적음에 **따라 선한 마음이 많으냐? 적으냐?** 하는 것을 말씀하셨다. **아무리 악한 사람이라도** 한 가닥 선한 마음을 가질 수 있고 또한 **아무리 선한 사람이라고** 악한 마음을 조금이나마 품을 수 있다고 **가르치는 것 같다.** 씨앗은 생명을 말한다. 생명은 창조를 말하고 우리의 마음이 매일 매일 기도와 회개로써 예수님께 매어 달릴 때 새로운 생명 즉 영혼이 새롭게 될 수 있다는 것을 가르치고 있다. 우리는 살아 있는 인간이기에 믿음으로써 예수님 안에서 악한 마음을 좋은 옥토(沃土)로 가꾸어 갈 때 구원의 은혜를 받을 수 있다는 것을 말씀하셨다.

이 얼마나 놀랍고 위대한 교훈인가? 이것이 바로 참 진리이다. 그리고 흙에 대하여 불교와 기독교를 비교해 보자. 불교에는 정토(淨土 : 극락)를 나타낸다. 정토란 깨끗한 흙을 말하고 있으나 실제는 존재하지 않는다. 달 나라에 옥토끼가 있다는 전설과 같은 내용이다. 깨끗한 땅에는 생명력이 없다. 산 마루 깨끗한 찰흙 속에 씨앗을 심으면 싹이 나지 않는다. 혹시 싹이 돋아 난다고 하여도 퇴비가 없어서 자라서 꽃을 피우거나 열매를 맺지 못한다. 마찬가지로 정토는 우리에게 설화적인 교훈은 될지언정 우리의 마음을 가꿀 수는 없는 것이다. 기독교에는 흙을 옥토로 가르치고 있다.

구약시대에 옥토란 적당한 수분과 퇴비가 함유된 땅을 말한다. 퇴비란 처음에는 더러운 오물이던 것이 썩어서 나중에 생명이 자라는데 결정적인 영양소가 된다. 이것은 우리에게 무엇을 가르치고 있는가? 우리의 악하고 더러운 마음이 예수님 앞에 나아가 회개할 때 생명을 기르는 영양소인 퇴비로 변한다. 옥토에 씨앗이 떨어지면 처음에 한알이던 것이 싹이 나고 꽃이 피고 열매가 자라서 육십배 혹은 백배 결실을 맺을 것이다. 기독교의 가르침인 마음, 옥토는 끊임없이 생명의 탄생을 이야기 하고 있다. 이것으로 미루어 볼 때 불교는 생명이 없는 종교요 기독교는 활기찬 생명의 종교다. 불교는 소극적이요, 기독교는 적극적이다. 불교는 수동적인 설화적 종교요, 기독교는 능동적인 우리 인간에게 가장 적절한 역사적 종교다. 우리는 참 생명의 복을 받았으니 혼자만 가꿀 것이 아니라 우리의 이웃 우상 숭배로 죽어가는 영혼들의 마음을 잘 가꾸어 씨앗이 자라게 되도록 전도에 힘쓰자.

죽음 앞에서의 두 사형수

　인생이라면 누구나 두번은 꼭 겪어야 할 사건이 있다. 그 첫째는 부모로부터 이 세상에 태어나는 것이요, 둘째는 짧든지 길든지 일정한 궤도를 따라 이 세상을 산뒤 하직하고 떠나야 하는 것이다.
　이 문제 때문에 수많은 종교가 존재하며 인생은 수없이 울부짖고 오뇌에 몸부림치는 것이다. 이 문제를 해결하기 위해 수많은 철학, 예술, 윤리 등이 파노라마처럼 등장하였다간 사라지고 울고 웃는 희비의 쌍곡선이 교차하는 것이다. 이 두 문제에 직면한 인간이 어떻게 처신하였는가에 따라 성자와 현인으로 사후에 이웃들에게 존경을 받는가 하면 별 가치없이 무의미하게 살아 감으로써 그 인생이 허무하게 물거품처럼 사라져 버리는 것을 우리는 종종 본다. 여기서는 죽음과 삶의 갈림길에서 불교를 신봉하는 사람과 기독교를 신봉하는 사람의 경우를 생각해 보기로 하자.
　불후의 명작 "죄와 벌"을 남긴 도스토예프스키의 생의 한 단면을 생각해 보자. 영하 30°의 추운 겨울날 오후, 모스크바교외의 황량한 들판 가운데 세워진 도스토예프스키는 젊은 날의 한때 실수때문에 묶여 형집행을 기다리고 있었다. 집행관이 그에게 "앞으로 당신이 이 세상에 누릴 수 있는 시간은 5분밖에 없소. 잘 활용하시오."라고 말했다. 이말을 들은 도스토예프스키는 침착하게 5분을 다음과 같이 활용하기로 마음을 정했다. 영하 30도의 겨울날 오후, 그리 따사롭지 못한 햇볕과 황량한 자연, 죽음을 재촉하는 마귀의 울음소리 같은 바람을 볼 때 저주의 말을 하고 싶은 환경이지만 그래도 창조주 하나님의 섭리를 생각하며 감사하는데 3분을 사용하기로 하고 나머지 1분은 자기가 가야할 인생의 마지막 길을 위해 전송나온 가족과 친지들에게 인사하는데 사용하고 마지막 1분은 자신이 걸어온 인생을 정리하면서 하나님께 기도하는데 쓰기로 작정했다.

　시간은 흘러 창조주 하나님께 감사하는 3분이 지나갔다. 그때 기마병 몇이 흰깃발을 날리면서 "집행중지"라고 고함치며 달려오고 있는 것이었다. 러시아 황제의 특별 사면으로 사형 집행 일보직전에 그는 다시 삶을 되찾은 것이다. 먼 훗날 도스토예프스키는 그때의 체험을 정리하여 "죄와 벌"이라는 작품을 남겼다.　여기서 우리는 도스토예프스키의 그 침착한 태도보다도 어떠한 악조건속에서도 창조주 하나님께 감사하는 마음가짐을 배워야겠다.

　필자가 5년전에 겪은 이야기를 하겠다. 그때 필자는 대구 화원의 교도소 근처 사찰에 안거(安居 : 승려들이 거처하는 장소)하고 있었다. 대구 교도소에 불교를 전하느라 자주 다녔다. 그중에 사형 판결을 받고 집행을 기다리는 몇 사람과는 개인 법회도 가졌다. 사형수는 가슴에 부착된 죄수 번호곁에 푸른 색깔의 삼각형 표시가 있다.

　무덥고 긴 7월 장마가 시작되던 둘째주 토요일 오후 교도소로 부터 전화가 왔다. 평소에 잘 아는 보안과장으로부터 걸려 왔는데 월요일 특별법회를 부탁하면서 오전 9시 30분까지 꼭 나와 달라는 것이다. 나는 월요일 몇 군데의 법회 약속을 취소하고 정해진 시간에 교도소에 도착하였다. 목사님과 신부님도 와 있었다. 보안과장은 "오늘 나라에서 정한 절차에 따라서 사형을 집행합니다. 종교적인 행사는 3분에서 5분간입니다. 잘 부탁합니다."라고 상기된 모습으로

불교 교리의 허구성과 기독교의 진리 59

말을 한다. 일순간 나는 아찔하면서 현기증을 느꼈다. 이윽고 오동나무가 심어진 길을 따라 형 집행장에 도착하였다. 그날 집행을 받는 사람은 평소 내가 개인법회도 한 손 ○○ 군인데 그는 26살로서 약혼자와 그의 어머니를 잔인하게 살해하였다.

인적사항 확인이 있었고 집행문이 낭독되었고 종교의식 차례가 되었다. 나는 정삼업진언(입과 몸과 뜻으로 지은 죄업을 깨끗이하는 주문) "옴 사바바바 수다살바 달마 사바바바 수도함"을 세번 염송하고 극락왕생을 기원하는 "나무아미타불"을 같이 외우고 "부디 불타의 가호로 내세의 극락왕생 하시오"하였다. 손 ○○군은 한때의 실수로 꽃다운 나이인 26살에 커텐 속으로 사라져갔다. 쿵~덕하는 마룻장 꺼지는 소리와 함께 그 생은 마감되었다. 불안과 초조로써 몸을 가누지 못하면서 이 세상을 떠나갔다.

정 ○○군은 22살의 순진한 젊은 나이에 다방 종업원 여자로 말미암아 자신이 사범으로 있는 그 도장 관장과 다투다가 한 순간의 혈기를 참지 못하여 관장을 살해하였다.

살해즉시 경찰에 자수하였더라면 징역정도로 끝이 날 것을 시체를 토막내어서 체육관 땅밑에 숨겨두었다가 그것이 나중에 발각되어 사형을 언도 받았다. 그는 기독교에 귀의한 뒤 집행을 받게 되었다. 다른 사형수들은 집행장에 가면서 몸도 가누지 못해 끌려 가는데 그는 집행장을 향해 가면서 찬송을 불렀고 걸음도 당당히 그 모습이 조금도 흐트러지지 않았다. 그가 사형집행을 당하면서도 기쁜 얼굴로 웃으면서 찬송하고 가는 것을 보면서 나는 불교와 기독교의 엄청난 차이점이 뇌리에서 지워지지 않았다. 지면상 이 부분을 상세히 못 쓰는 것을 독자 여러분은 양해하시기 바라며 필자는 이때의 사건들을 "죄없는 자가 먼저 돌로 치라"는 제목으로 집필 중이다.

비록 사형수지만 죽음은 엄숙한 것, 그 죽음 앞에서 네 종교 내 종교를 따져 위대성을 비교 비판할려는 용렬한 필자는 아니다. 어디까지나 체험한 사실을 사실대로 독자들에게 알릴 뿐이다. 불교도들은 평소에는 그리 눈물도 많이 흘리지 않고 다 인연 따라서 된 일이라 하면서 희희낙낙 살아 가다가 죽을 때는 불안과 초조, 울면서 가고 기독교인들은 평소 회개의 뜨거운 눈물을 많이 흘리다가 죽을 때 하늘나라 소망을 바라보기 때문에 기쁨으로 찬송하며 가는 것이라고 생각한다.

불교계의 고승으로 계시던 효봉스님은 일정때 평양 고등법원의 부장판사로 있었다. 자기가 맡은 사건중에 살인 강도가 있어서 사형언도를 하였다. 그 살인 강도가 사형집행을 당하고 난 후 진범이 잡혔다. 효봉은 자기의 잘못된 재판으로 말미암아 억울한 한 생명을 희생시켰다는 것이 너무나 양심에 가책이 되어 판사직을 그만두고 전국 방방 곡곡을 엿장사로 떠 돌다가 출가하여 승려가 되었다. 불교의 고승으로 추앙 받으면서도 양심의 가책과 죄로 한 평생 오뇌에 몸부림 쳤다.

효봉은 번뇌와 죄로써 그 영혼이 울부짖으며 몸부림 치다가 한 줌의 재로 사라지는 초라하게 삶을 마감하였는가 하면, 한 순간 실수로 흉악한 범죄를 저지르고 몸이 묶여 형장에 끌려가서 집행을 당하면서도 기독교인들은 기쁨으로 찬송하면서 떠나간다. 이 사실을 어떻게 인간의 판단으로 생각할 수 있겠는가? 나는 이 문제를 기독교로 개종하고 나서야 알았다.

지난 봄에 평소 산골 절에만 있었기에 바다의 시원한 바람을 쏘일려고 부둣가에 나가 보았다. 커다란 배에 화물이 실리는 것을 보았다. 순간 나는 조그마한 조약돌을 하나 주워 바다에 던지니 가라앉아 버린다. 그렇다. 바로 이것이 불교와 기독교의 차이다.

불교는 자기 자신의 힘으로 번뇌와 죄 문제를 해결하라고 가르친다. 아무리 도덕적으로 고행과 수행을 하여도 조약돌 만한 죄라도 있으면 바다에 가라 앉아 버린다. 그러나 기독교에서는 컨테이너

화물 같은 큰 죄가 있더라도 구원의 방주인 예수님께 맡겨 버리면 거친 바다도 무사히 항해할 수 있는 것이다. 우리의 영혼 문제에 있어서 삶을 마감할 때 불교를 믿는 사람들은 겉으로 보기에는 살아 있는 것 같으나 실은 죽어 있는 것이고 기독교는 우리 죄를 대신 짊어져 주시고 십자가에서 부활하심으로 영원한 생명을 주신 예수님을 마음속에 구세주로 영접하므로 사형장에서 집행을 당해서 죽어 가는 것 같으나 실은 영원한 삶이 있기에 기쁨으로 찬송하며 떠나가는 것이다.

이글을 읽는 불교신자 여러분 하루속히 죽음의 숲에서 방황하지 말고 죽음이 없고 영원한 삶이 있는 예수님의 품으로 돌아오라. 여러분은 아무리 공을 드리고 수행을 하여도 번뇌를 끊지 못하고 하나의 조약돌이 되어 바다에 빠지고 만다. 우리들의 태산같이 큰 죄라도 대신 져 주시고 영원히 구원의 배가 되어 주시는 예수님의 품으로 돌아오라.

불교는 눈물이 없고 웃음만 있는 것 같으나 실은 죽음을 향해가는 것이며 기독교는 눈물 가운데서 삶의 기쁨을 누리며 영생을 얻게 되는 것이다.

마음에 대하여

인류는 발달된 자연과학의 힘으로 우주를 정복하고 과거에는 엄두도 못내던 분야에까지 사람의 손끝이 안 닿는 데가 없다. 유전공학, 생명공학 등 이른바 제2의 지구촌의 창조라고 오만하게 부르짖고 있다. 황폐하던 자연환경은 점점 인간의 힘으로 개조되어 가고 그 결과 우리의 이웃처럼 점점 가까이 다가오고 있다. 그러나 우리의 마음은 정착할 둥지마저 잃어가고 사막과 같이 황무지가 되어가고 있다.

옛부터 육신의 세계보다 마음세계의 안정과 평화와 치료를 위해서 원시 자연 종교로부터 발달된 현대의 종교에 이르기까지 마음을 다스리는 법을 가르쳐 왔다.

오늘날 많은 사람들이 바이러스나 생물학적 병원체로 인한 고통보다도 마음의 병으로써 보다 많은 고통을 받고 있다. 생물학적으로는 치료제가 수없이 발견되어 오고 있다. 그런데 마음의 병을 치료할 수 있는 치료제는 벌써 발견되어 있었는데 사람들이 그 치료를 거부하였기 때문에 거친 황무지가 되어가고 있다. 약삭빠른 철학, 종교, 예술, 윤리학자들은 섹스를 정신요법의 최고 치료제인양 그 상품의 판매에 열을 올리고 있다.

필자는 너무 어릴 때 양친을 여의고 산사(山寺)에 입산하였기 때문에 동심을 가꾸지 못했다. 8.15광복후 그 혼란기에 국민학교 3학년을 중퇴하였기 때문에 본래 노래솜씨도 시원찮은데 음치라 노래도 잘 하지 못한다. 기독교로 개종하고는 찬송가를 부르는데 애로점이 많다. 어린 아이들이 동요 부르는 것을 나는 유심히 바라보고 그 가사의 내용을 즐겨 음미하곤 한다. 아이들이 부르는 동요중에 "우리들 마음에 빛이 있다면 여름엔 여름엔 파랄거예요……겨울에는 하얀 색일거예요……산들도 나무도 하얗게 하얗게…" 그렇다. 마음에는 빛깔이 있는데 사람들의 눈이 죄악으로 물들어서 바르게 나타나지 않을 뿐만 아니라 또 보지도 못한다고 생각한다. 이번 달은 가을의 문턱에서 들과 밭에는 곡식이 여물어 가고 있다. 과연 우리들의 마음 밭에는 무엇이 가꾸어 졌으며 익어가고 있는가 불교와 기독교의 입장에서 마음을 한번 생각해 보자.

　불교에서는 사람의 마음을 흐르는 물과 같다고 한다. "마음은 흐르는 강물처럼 잠시도 멈추지 않고 끝없이 흘러간다." "사람이 바른 마음을 쓸줄 알면 신(神)들도 기뻐할 것이다. 마음을 항복받아 부드럽고 순하게 가지라. 마음 가는데로 따라가서는 안된다. 마음이 하늘도 만들고 사람도 만들며 귀신이나 짐승 혹은 지옥도 만든다. 그러니 마음에 따르지 말고 마음의 주인이 되라"(장아함경에서). 원효대사의 일체유심조(一體唯心造) 즉, "모든 것은 마음이 만든다. 한마음 밝게 먹으면 밝은 생활이 열리고 한 생각 어둡게 몰고 가면 끝없는 구렁으로 떨어진다. 우리가 살아가는 세상에는 고마운 "다리"도 놓여 있지만 예측할 수 없는 "함정"도 입을 벌리고 있다. 온갖 비극의 씨앗은, 눈앞 일에만 생각이 꼭 막혀 한 생각 어둡게 먹기 시작한데서 싹이 튼다. 속지 말 일이다." "마음은 원숭이와 같아 잠시도 그대로 있지 못하고 여러가지로 움직인다. 마음은 그림 그리는 사람과 같아 온갖 모양을 나타낸다. 마음은 존경에 의해 혹은 분노에 의해 흔들리기도 하고 비겁해지기도 한다. 마음은 도둑처럼 모든 선행(善行)을 훔쳐간다. 마음은 불에 뛰어든 불나비처럼 아름다운 빛깔을 좋아한다. 마음은 싸움터의 북처럼 소리를 좋아한다. 마음은 썩은 시체의 냄새를, 멧돼지처럼 타락의 냄새를 좋아한다. 마음은 음식을 보고 침을 흘리는 시종처럼 맛을 좋아한다. 마음은 기름접시에 달라붙는 파리처럼 감촉을 좋아한다. 이와 같이 남김없이 관찰해도 마음의 정체는 알 수 없다"(보적경 가섭 품에서).

"마음, 마음, 마음이여 알 수 없구나. 너그러울 때는 온 세상을 다 받아들이다가도 한번 옹졸해지면 바늘하나 꽂을 자리 없으니, 마음은 모든 성자의 근원이며 만가지 악의 주인이다. 열반의 즐거움도 자기 마음에서 오는 것이고 윤리의 고통도 또한 마음에서 일어난다. 그러므로 마음은 세간(世間)을 뛰어넘는 문이고 해탈로 나아가는 나루터. 문을 알면 나아가지 못할까 걱정할 것 없고 나루터를 알면 건너 기슭에 이르지 못할까 근심할 것 없다."(달마혈맥론)

독자 여러분! 몇 구절 불경을 소개한 것은 그럴싸하게 들리나 근본적으로 잘못된 것은 자기의 마음을 멋대로 할 수 있다고 생각하는 점이다.

하루는 달마대사의 제자 혜가(慧可)가 그의 스승 달마에게 와서 마음의 병을 고쳐 달라고 통사정을 하였다. "스승님 제 마음이 심히 아픕니다. 좀 고쳐 주십시요" "마음을 가져오너라 그러면 내 고쳐주지" "네 스승님! 마음을 어떻게 가져 올 수가 있습니까? "그러면 나도 할 수가 없구나 네 마음은 네가 고쳐라." 불교신자들은 마음의 병을 앓아도 그 고통의 원인이 죄로 인한 것인 줄 모르고 자기 힘으로 해 볼려고 하므로 더 초라하게 타락해 간다고 생각한다. 불교에서는 우리의 상한 마음을 치료할 수가 없다. 달마대사 같은 이도 포기하고 두 손을 들었다.

옛날 중국의 선승(禪僧)운문(雲門)스님의 시(詩)한 수로 "약초 밭의 울타리라 잘난 체 마라 저울대에 눈금이 있다. 접시에는 없어 그거면 되느냐고? 어림도 없다. 황금사라는 그대들이 손수 보아야 하리."

마음의 병을 고치는 약초는 울타리가 필요없다. 석가는 마음을 이렇게 닦으라는 식으로 저울대에 눈금을 표시해 두었지만 우리가 마음을 달 수 있는 접시에는 눈금이 없다. 석가의 가르침이 엉터리라는 것을 시(詩)로서 꼬집고 있다.

그러면 기독교에서 예수님은 우리의 마음의 병을 어떻게 치료해주시는가? 한 번 생각해 보자. 먼저 기독교에서 본 사람의 마음은 어떠한가? 사람의 마음이 계획하는 바가 어려서부터 악함이라(창 8:21). 사람의 마음에 있는 모략은 깊은 물 같으니라(잠 20:5). 인생의 마음에 악이 가득하여 평생에 미친 마음을 품다가 후에는 죽은 자에게로 돌아가는 것이다(전 9:3). 예레미야는 인간의 심령을 경작할 수 있는 땅에다가 비유한다(렘 4:3). 묵은 땅은 사람의 마음이라는 말과 같은 의미에서 쓰는 말이며 이 묵은 땅을 경작하고 씨를 뿌리는 것은 인간의 심령을 새롭게 하여 하나님의 구원의 바탕이 되게하는 것과 같은 뜻이다. 만물보다 거짓되고 심히 부패한 것은 마음이라 누가 능히 알리오(렘 17:9). 마음에서 나오는 것은 악한 생각과 살인과…(마 15:19). 저희가 마음에 하나님 두기를 싫어하매……(롬 1:28). 저희 마음이 굳어지므로 말미암아 하나님의 생명에서 떠나있도다(엡 4:18).

다음으로 하나님은 어떤 마음이 되라고 권면 요구하시는가? 불교에서는 마음의 상태를 지적하였으나 어떻게 하면 고칠 수 있다는 말은 없다. 너는 마음을 다하고 성품을 다하고 힘을 다하여 네 하나님 여호와를 사랑하라(신 6:5). 너희는 스스로 할례를 행하여 너희 마음의 가죽을 베고 나 여호와께 속하라 (렘 4 : 4).
　나는 마음이 온유하고 겸손하니 나의 멍에를 메고 나에게 배우라 (마 11 : 29). 사람이 만일 무슨 범죄한 일이 드러나거든 온유한 심령으로 그러한 바를 바로잡고 네 자신을 돌아보아 너도 시험을 받을까 두려워하라 (갈 6 : 1). 너희는 이 마음을 품으라 곧 그리스도 예수의 마음이니라 (빌 2 : 5). 너희 마음에 그리스도를 주로 삼아 거룩하게 하라 (벧전 3 : 15). 병든 마음이 치료되고 난 후에 하나님은 어떠한 축복을 내리시는가 ?
　나의 방패는 마음이 정직한 자를 구원하시는 하나님께 있도다 (시 7 : 10). 하나님이 참으로 이스라엘 중 마음이 정결한 자에게 선을 행하시나 (시 73 : 1). 무릇 지킬 만한 것보다 더욱 네 마음을 지키라 생명의 근원이 이에서 남이라 (잠 4 : 23). 마음이 정결한 자는 복이 있나니 저희가 하나님을 볼 것이요 (마 5 : 8). 네 보물이 있는 곳에는 네 마음도 있느니라 (마 6 : 21).
　너희는 마음의 허리를 동이고 근신하여 예수 그리스도의 나타나실 때에 너희에게 가져올 은혜를 온전히 바랄찌니라 (벧전 1 : 13).
　불경과 성경에 마음에 대한 것을 나열해 보았다. 독자 여러분 어느 것이 참 진리의 가르침인가 스스로 판단이 섰을 줄 믿는다. 다만 필자가 몇가지 설명을 첨가하는 것은 이해를 돕기 위함이다.
　우리 속담에 병든 한 사람의 환자앞에 백명의 의원과 백가지 약이 등장한다는 말이 있다. 많은 의사와 약은 대부분 가짜 돌팔이 의사이고 참 의사와 약은 한가지 뿐이라고 한다. 돌팔이 의사도 환자의 고통을 보고 아주 그럴싸하게 병을 진단 내린다. 그러나 잘못된 진단이다. 참된 의사는 병의 원인부터 알고 있기 때문에 정확한 진단과 그 치료 방법으로써 적절하고 좋은 약을 주는 것이다.
　불교의 가르침은 마음의 병을 고치지 못한다. 돌팔이 의사와 같은 치료방법과 처방이다. 돌팔이 의사들이 응급처치로 즐겨쓰는 것이 진통제의 남용이다. 그 진통제의 약효가 끝나면 환자는 다시 고통에 시달릴 뿐이다. 대부분의 불교신자들은 절에 가면 마음이 편하다고 한다. 그 마음 편한 것은 완전히 치료가 되어서 편한 것이 아니고 일시적 방편으로 진통제를 사용한 것과 같다.

그러나 기독교에서는 예수님께서 마음의 병을 고치시는 참 의사이시고 그 약은 복음이다. "건강한 자에게는 의원이 필요없고 병든 자에게 필요하다"고 하시면서 우리 인류의 마음의 병을 고치시려고 십자가 상에서 돌아 가심으로 환자의 아픔과 고통을 함께 나누시고 부활하심으로 완전히 치료되는 처방을 주신 것이다.

지금도 참 의사인 예수님께서 마음의 병을 고쳐 주시려고 찾아와 계시지만 현대인은 완악해서 알콜과 섹스에 의지하거나 아니면 돌팔이 의사를 찾아간다. 얼마나 안타까운 일인가? 이 글을 읽는 불교신자와 불신자 여러분! 한시바삐 여러분의 마음의 병을 완전히 고쳐주시는 참 의사이신 예수님께로 돌아오라. 많은 비용과 시간을 낭비하는 돌팔이 의사에게는 찾아가시지 말고 바른 치료 방법이 있는 곳으로 돌아 오시라. 돈도 받지 않고 그냥 치료해 주신다. 먼저 믿는 성도 여러분! 여러분은 복음을 받기 전에 한때 마음의 병으로서 고통해 보시지 않았는가? 그때의 그 고통을 생각하면서 여러분 주위에 병들어 죽어가는 영혼들을 그냥 못본채하고 지나쳐 버리지 말고 참 의사이신 예수님께로 인도하라. 가을이 오는 9월의 들녘에서 우리와 우리들 주변에 황무지 같은 마음의 밭을 복음으로 치료하여 옥토로 변하기를 바라면서, 하나님의 풍성한 은혜의 열매가 맺기를 바라면서 이 글을 쓴다.

섬기는 자 섬김을 받는 자

　인간은 원시 씨족사회에서나 현대사회에서나 남을 섬기는 것을 굴욕적인 노예 근성으로 보아왔고 오만하게 남으로부터 섬김을 받는 것을 인간이 가야할 길이라고 생각하여 왔다. 오곡을 추수하는 늦은 가을에 맑은 하늘과 따사로운 햇살에 물들어 가는 단풍을 바라보면서 인류가 걸어왔고 걸어가야 할 길을 명상해 본다.
　우리 인간은 남으로부터 섬김을 받는 자냐? 남을 섬기는 자냐? 크게 두가지 유형으로 나눌 수 있다. 종교도 그렇다. 불교와 기독교를 말하자면 불교는 섬김을 받는 종교요 기독교는 섬기는 종교라고 할 수 있겠다. 불교에서는 불, 법, 승(佛,法,僧 : 부처, 부처의 가르침, 부처의 가르침을 따르는 승려) 이렇게 세가지를 삼보(三寶)라고 한다. 세가지 보배란 뜻이다.
　일반 신도들에겐 승려가 신앙의 대상이 된다. 불교의 의식중에 삼귀의(三歸依 : 세가지에 의탁한다 말이다라는 뜻)라는 것이 있다. 나무상주시방불(南無常住十方佛), 나무상주시방법(南無常住十方法), 나무상주시방승(南無常住十方僧)이 그런 것인데 이는 열 방향에 있는 부처에게 귀의하며, 열 방향이 있는 부처의 가르침에 귀의하고 또 열 방향에 있는 스님께 귀의한다라는 뜻이다. 이렇게 볼 때 승려는 살아 있는 사람이면서도 역시 같은 사람으로부터

불교 교리의 허구성과 기독교의 진리 69

신앙의 대상이 되어 왔음을 알 수 있다. 그러므로 불교의 승려들은 남으로부터 항상 섬김을 받아왔기 때문에 교만 방자하다.

그 가르침 자체가 그렇다. 불교의 가르침에는 아예 겸손하게 남을 섬기라는 교훈은 없다. 서산대사가 지은 선가귀감이라는 곳에 이 마음이 평등하여 본래 범부와 성인이 따로 없다. 이치는 그렇지만 사람에겐 어두운 이와 깨친 이가 있고 범부와 성인이 있다. 스승의 가르침을 받아 갑자기 자기가 부처와 조금도 다름이 없음도 깨치는 것은 이른바 단박 깨친다는 것이다. 그러므로 스스로 굽히지 말 것이니 "본래 아무것도 없다"고 한 것이 그것이다.

깨친 뒤에 익힌 버릇을 끊어 가면서 범부가 성인이 되는 것은 이른바 점점 닦아 간다고 하는 것이다. 그러므로 스스로 높이지 말 것이니 저 "부지런히 털고 닦으라고" 한것이 그것이다. 굽히는 것은 교(敎)를 배우는 이의 병통이요 높이는 것은 참선하는 이의 병통이다. 교를 배우는 이는 누구든지 다 참선 문안에 깨쳐 들어가는 비밀한 법이 있는 것을 믿지 않고 방편으로 가르치는데 깊이 걸려 참과 거짓을 따로 고집하여 가지고 관행을 닦지않고 남의 보배만 세게되므로 스스로 뒷걸음을 치고 있는 것이다.

참선하는 이는 교문에 닦고 끊어가는 바른 길이 있는 것은 믿지 않고 물론 마음과 익힌 버릇이 일어날지라도 부끄러운줄 모르며 공부의 정도가 유치하면서도 법에 대한 거만한 생각이 많기 때문에 그 말하는 것이 너무 교만하다. 그러므로 옳게 배워 마음을 닦는 이는 굽히지도 않고 높이지도 않는 것이다. 불교의 가르침은 높이지도 말고 굽히지도 말라는 것으로 그칠뿐 겸손하게 남을 섬기라는 것은 찾아 볼래야 볼 수 없다.

불교에서 승려들이 탁발(얻어 먹는 것)하는 것은 스스로 교만함을 없애고 사람들로부터 받는 수모를 참는 것을 배우는 것이라고 한다. 그렇다면 진정 탁발로서 겸손해지며 남도 섬길 수 있을까? 걸식하는 그것만으로 수도승이라고 할 수는 없다. 모든 법을 몸에 익히는 것이지 걸식한다고 해도 그같이 부를 순 없다. 이말은 필자의 소리가 아니라 법구경에 있는 말이다.

자비심이 있다고 해도 부자집을 버리고 굳이 가난한 집만을 찾아 걸식하는 것은 그 자비심을 널리 펴는 일이 못된다. 걸식은 평등한 법에 머물러 차례대로 행해야 한다. 걸식은 식욕을 위한 것이 아니며 단순히 음식을 얻기 위해서도 아니다. 마을에 들어갈 때에는 사람이 살지 않는 빈 마을이라는 생각으로 들어가야 하며 어떤 형상을 보더라도 장님과 같이 보고 들리는 소리는 메아리와 같이 들어야 한다. 냄새는 바람과 같이 맡고 맛도 분별하지 않으며 온갖 느낌도 깨달음의 경지에서 느끼듯 해야 하고 모든 것이 허깨비와 같은 줄 알아야 한다(유마경 제자품). 꿀벌은 꽃의 빛과 향기로 다치지 않고 당분만 따면서 꽃에서 꽃으로 날아다닌다.

승려가 마을에서 걸식할 때에도 그와 같이 하라고 법구경은 가르치건만 요즘의 승려들은 도시 중심가에서 하루 탁발하면 3만에서 5만원까지 수입도 올린다고 하니 우리나라의 근로자 형편에서 볼 때 고소득층에 속한다 하겠다. 불교의 승려는 탁발로 서로 결코 겸손하게 되지 않고 남을 섬기는 것이 아니라 오히려 "스님"이라는 관념적 명사의 존재로서 불교신자들로부터 비록 걸식행각에 나섰지만 섬김을 받고 있다고 생각한다. 그러니 인간으로서 교만 방자할 수밖에 없다.

부처가 따로 없고 내 마음이 부처인데 신도들로부터 살아있는 부처로서 신봉을 받아왔고 받고자 한다. 얼마나 허구성이 많고 교만으로 가득찬 모습인지 모른다. 그러니 불교 승려들과는 타협이 되지 않고 대화의 광장이 없다. 유아독존적인 아집에 사로잡혀 있는 편협적인 군상(群像)들이다.

여기에 비해서 기독교는 예수님 자신이 제자들의 발을 씻겼고 겸손하게 남을 섬기는 종교이다. 석가는 호화로운 왕궁에서 남의 섬김을 받으면서 도도하게 천상천하 유아독존이라고 외치면서 태어났지만 예수님께서는 하나님의 아들이면서도 낮고 낮은 인간 세상의 마굿간에서 태어 나셨다. 얼마나 대조적인가 ?

너희는 돌이켜 어린이와 같이 되지 아니하면 천국에 들어가지 못하리라(마 18 : 3). 크고자 하는 자는 섬기는 자가 되고(마 20 : 26). 너희도 서로 발을 씻기는 것이 옳으니라(요 13 : 14). 존경하기를 서로 먼저하는 것(롬 12 : 10). 서로 마음을 낮은데 처하며 (롬 12 : 16). 오직 겸손한 마음으로 각각 자기보다 남을 낮게 여기고 (빌 2 : 3). 모든 겸손과 온유로 하고 오래 참음으로 사랑 가운데서 서로 용납하고 (엡 4 : 2). 서로 겸손으로 허리를 동이라 (벧전 5 : 5). 확실히 기독교에서는 철두철미하게 겸손으로써 남을 섬기도록 가르친다. 이에 비해 불교에서는 어정쩡 하니 교만도 말고 겸손도 말고 승려는 신도들로부터 신앙의 대상으로서 섬김으로 받으라고 가르친다. 이 가르침은 엄청난 차이가 있다.

어떤 사람이 겸손해질 수 있을까 ?

첫째, 자기가 죄인인 줄 아는 사람이 겸손해 진다. 여인에게서 난 자가 무엇이관대 의롭겠느냐(욥 15 : 14). 대저 나는 죄과를 아오니 내 죄가 항상 내 앞에 있나이다(시 51 : 31). 예수의 무릎 아래 엎드려 주여 나를 떠나소서 나는 죄인이로소이다(눅 5 : 8). 세리는 가슴을 치면서 가로되 하나님이여 불쌍히 여기소서 나는 죄인이로소이다(눅 18 : 13). 죄인중에 내가 괴수라(딤전 1 : 15). 언제나 성경은 우리를 향해 죄인임을 깨달으라고 강조한다.

둘째, 자기 무식을 아는 사람이 겸손하다. 주여 나는 본래 말에 능치 못한 자라(출 4 : 10). 나는 다른 사람에게 비하면 짐승이라(잠 30 : 2). 슬프도소이다 주 여호와여 보소서 나는 아이라(렘 1 : 6).

내게 이 은밀한 것을 나타내심은 내 지혜가 다른 인생보다 나은 것이 아니라(단 2 : 20). 그런즉 선 줄로 생각하는 자는 넘어질까 조심하라(고전 10 : 12). 나의 나된 것은 하나님의 은혜로 된 것이니(고전 15 : 10)라고 말한다.

셋째, 하나님을 잘 믿는 사람이 겸손하다. (백부장) 주여 내집에 들어오심을 감당치 못하겠아오니 말씀만 하옵소서(마 8 : 7). 고넬료가 맞이하여 발앞에 엎드려 절하니(행 10 : 25) 내가 이미 얻었다 함도 아니요(빌 3 : 12).

겸손하게 남을 섬기는 자가 받는 복은 어떠한가? 하나님은 겸손한 자를 구원하심(욥 22 : 2). 주는 겸손한 자의 소원을 들으셨으니(시 10 : 17). 겸손한 자는 먹고 배부를 것이며(시 22 : 16). 여호와께서 겸손한 자를 붙드심(시 147 : 6). 겸손한 자가 지혜가 있느니라(잠 11 : 2). 겸손은 존귀의 앞잡이(잠 15 : 33). 마음이 겸손하면 영예를 얻으리라(잠 29 : 23). 통회하고 마음이 겸손한 자와 함께 거하나니(사 57 : 15). 은혜를 주신다 함(약 4 : 6, 벧전 5 : 25).

이 글을 읽고 여러분 스스로 불교와 기독교의 가르침이 어느 것이 옳은가를 판단했으리라고 생각하나 몇자 더 부언한다.

불교에서는 이상하게 생긴 돌맹이도 섬기는데 하물며 승복을 입고 교만하게 버티어 서있는 승려를 보고 절하고 섬기는 것은 당연한 일로 생각한다. 인간의 마음은 교만으로 끝간데 없이 높아진다. 더군다나 남으로부터 섬김을 받았을 때는 하늘이 무색할 정도로 치솟아 오를 것이다. 그 섬김을 받는 것이 끝이 날 때는 천길 만길 지옥속으로 곤두박질해서 떨어지고 만다.

여기에 비해서 기독교의 가르침은 겸손하게 남을 섬기는 것을 좌우명으로 한다.

자동차의 공구중의 하나인 자키와 같은 것이라 아무리 큰 자동차라도 고장이 났을때 자키는 가장 낮은 차측 밑에 깔리어서 서서히 움직이면 그 큰 자동차는 하늘을 향해 서서히 올라간다.
 우리는 겸손하게 남을 섬길 때 자기 자신은 이웃과 함께 올라가는 것이다.
 각박한 현대에 사는 여러분! 모두들 제 잘난 맛에 사는 교만한 시대에 겸손하게 남을 섬기는 기독교의 가르침이야말로 멸망으로부터 인류를 구원할 청량제이며 복음이 아닐 수 없다.
 먼저 믿는 성도 여러분! 예수님께서 제자들의 발을 씻기는 그 겸손을 우리 믿지 않는 자들의 발을 씻어 줌으로써 참으로 예수님의 사랑을 몸으로 실천하여 전하자.
 천국의 면류관을 바라보면서 겸손하게 남을 섬기는 기독교의 진리로, 이때까지 불교에서 남으로부터 섬김을 받아오던 필자는 한 걸음 한 걸음 실천을 다짐하면서 성경의 황금율을 생각한다. "그러므로 남에게 대접을 받고자 하는대로 너희도 남을 대접하라 이것이 율법이요 선지자니라"(마 7:12, 눅 6:31). 우리가 이 말씀을 지킨다면 가정의 평화가 오고 나아가서는 사회의 안정이 오고 더 나아가서는 국가의 번영과 인류의 행복이 올 것이다.
 불교의 모순된 소극적인 교훈을 생각할 가치조차 없다. 살아 움직이고 생명력이 있는, 적극적인 기독교의 가르침은 캄캄한 암흑 속에 한 줄기 밝은 빛이 됨을 우리 모두 가슴에 새기면서 하나님 은혜에 감사하자.

여성들에게 주는 가르침

　인류의 역사는 공동체적인 협력의 역사라 할 수 있다. 그 공동체적인 협력 중에서 남자와 여자가 때로는 밀착되고, 때로는 떨어지면서 협력과 협력 아닌 협력 즉 사랑과 미움으로 역사의 궤도를 따라 걸어갔으며 지금도 걸어 가고 있다. 사랑만이 아니라 미움 그 자체도 남자와 여자 사이에 반드시 있어야 하는 협력적인 요소이다.
　여자들은 가정의 주인공 자리에서 마저 제 위치를 확보하지 못할 때도 있었고 어떤 때는 역사의 뒤안길에서 아무런 의미없이 사라져 버리는 수도 있었다. 그러나 요즈음 처럼 Women power, 여성 상위시대 하면서 극성을 부리는 일도 결과적으로는 남자와의 협력 관계의 정립의 방향 모색이라고 밖에 생각되지 않는다.
　연말을 보내면서 불교와 기독교에서 여자들에게 어떤 가르침을 주는가를 한번 생각해 보자.
　먼저 불경 중에 여자에게 주는 가르침을 생각해 보자.
　좋은 아내란 어머니 같고 누이 같고 친구 같으며 나쁜 아내란 원수와 같고 도둑과 같다.
　남편은 아내를 이렇게 대해야 한다. 항상 예절로써 대하고 위신을 지켜야 한다. 의복과 음식을 넉넉하게 하고 집안 일을 믿고 맡겨야 한다.

아내는 다음 같은 일로 남편을 공경해야 한다. 항상 먼저 일어나고 뒤에 앉으며, 말은 부드럽게 하고 잘 순종하며 남편의 뜻을 미리 알아 받들어 행해야 한다(육방예경). 여자는 무엇보다 단정해야 한다. 단정하다는 것은 얼굴이나 몸매나 의복 등 겉모양만을 가리키는 것이 아니라 그릇된 태도를 버리고 마음을 한결같이 공손하게 가지는 일이다(옥야여경). (주 : 옥야여경은 어떤 재벌이 권력과 재산이 많은 집안의 딸 옥야를 며느리로 맞았는데 그녀는 친정의 지체와 자신의 미모를 내세워 시부모와 남편을 제대로 섬기려고 하지 않았다. 아내로서의 부덕과 예절이 없는 걸 보고 걱정한 시아버지는 어느날 석가선생을 청해 며느리를 교화시키기로 한다. 초대를 받고 찾아간 석가선생이 그 집 며느리 앞에서 차근차근 설득하는 말로 이 경전은 이루어졌다. 현대판 호화로운 결혼식을 생각해 볼 일이다.)

세상에는 어머니 같은 아내, 누이 같은 아내, 친구 같은 아내, 원수같은 아내, 도둑 같은 아내 등이 있다. 어머니 같은 아내란 남편을 아끼고 생각하기를 어머니가 자식 생각하듯 한다. 항상 그 곁을 떠나지 않고 때에 맞추어 먹을 것을 차리며 남편이 밖에 나갈 때에도 남들에게 흉잡히지 않도록 마음을 써야 한다.

누이 같은 아내란 남편 섬기기를 한 부모에게서 혈육을 나눈 형제와 같이 하는 아내다. 그러므로 거기에는 두가지 정이 있을 수 없고 누이가 오라비를 섬기듯 해야 한다.

친구 같은 아내란 남편에게 대한 생각이 지극해서 서로 의지하고 사랑하여 떠나지 않는다. 어떤 비밀한 일도 서로 알리며 잘못을 보면 충고하여 실수가 없게 하고 좋은 일에는 칭찬하여 지혜가 더욱 밝아지도록 한다. 서로 사랑하여 이 세상에서 편안히 지내게 하기를 어린 벗과 같이 하는 아내다.

원수와 같은 아내란 항상 화난 얼굴로 남편을 보아도 반기지 않고 밤낮 헤어지기를 생각하며 부부라는 생각이 없고, 나그네처럼 여기며 걸핏하면 싸우려고 으르렁거리면서 조금도 어려워하는 마음이 없다. 흐트러진 머리로 드러누워 손끝 하나 까딱하지 않고 집안 살림이나 아이들이 어떻게 되든 전혀 보살필 줄을 모르며 바람을 피우면서도 부끄러운 줄을 모른다. 그 살아가는 모습이 마치 짐승과 같아 일가친척까지 욕되게 하니 이것이 원수와 같은 아내다.

도둑과 같은 아내란 밤이 되어도 자지 않고 잔뜩 성난 얼굴로 대하여 무슨 수를 써서 헤어질까 궁리를 한다. 독약을 먹이자니 남이 알까 두렵고, 친정이나 이웃에 가서 그들과 짜고 재산을 빼내려고 하며 정부를 두고 지내면서 틈을 보아 남편을 죽이려고 한다. 남편의 목숨을 빼앗으려는 것이니 이런 여인이 도둑과 같은 아내다.

세상에는 이와 같은 부류의 아내가 있다. 어머니 같고, 누이 같고, 친구와 같은 착한 아내는 그 명성을 널리 떨치어 남들이 사랑하고 공경하며 일가 친척들도 그 부덕(婦德)을 칭송한다. 원수와 같고 도둑과 같은 아내는 항상 비난을 받고 몸과 마음이 편치못해 늘 앓게 된다. 눈을 감으면 악몽으로 두려워 떨게 되고 자주 횡액을 당하며 죽어서는 지옥에 떨어져 헤어날 기약이 없다(옥야경).

만약 그처럼 악독한 아내와 함께 살아야 할 남편이 있다면 그 삶 자체가 지옥이다. 설법이 여성이었기 때문에 어진 아내와 악독한 아내의 유형을 나누어 말한 것이지, 그 대상이 남성이었다면 아버지 같고, 오빠 같고, 친구와 같은 남편은 어진 남편이 될 것이고 원수 같고, 도둑 같은 남편은 악독한 남편이 될 것이다.

누구든지 다음과 같은 일로 친척을 가까이하고 공경해야 한다. 물건을 나누어 쓰고 말을 인자하게 하며 이익은 같이하고, 속이지 않아야 한다. 이와 같이 친척을 공경하고 가까이 하면 그들은 편안하여 아무 걱정이 없는 것이다(육방예경).

요즈음 세상에 알려진 범죄의 양상을 보면 근친간에 살인하는 일이 부쩍 늘어나고 있다. 남편이 아내를, 아내가 남편을 살해하는가 하면 가까운 일가친척끼리 죽이는 일이 드물지 않다. 대개 가정적인 불화와 물질로 인한 원한에 그 원인이 있음을 보고 새삼스레 근친(近親)이 무엇인가를 생각케 한다.

기독교의 가르침을 생각해 보자.
"남편이 아내의 머리됨이 그리스도께서 교회의 머리됨과 같음이니 그가 친히 몸의 구주시니라"(엡 5 : 23).
여자가(아내) 남편에 대하여서는 다음과 같은 가르침이 있다. "너는 남편을 사모하고 남편은 너를 다스릴 것이니라"(창 3 : 16). "현숙한 여인은 그 남편에게 선을 행하고 악을 행치 아니하느니라"(잠 31 : 12), "아내들도 범사에 그 남편에게 복종할찌니라"(엡 5 : 24), "아내된 자들아 이와 같이 자기 남편에게 순복하라 이는 혹 도로 순종치 않은 자라도 말로 말미암지 않고 그 아내의 행위로 말미암아 구원을 얻게 하려 함이니"(벧전 3 : 1). "사라가 아브라함을 주라 칭하여 복종한 것같이 너희가 선을 행하고 아무 두려운 일에도 놀라지 아니하므로 그의 딸이 되었느니라"(벧전 3 : 6), "아내들아 남편에게 복종하라 이는 주 안에서 마땅하니라"(골 3 : 18).
기독교에서 말하는 여인의 덕(德)을 한번 생각해 보자. (현숙한 아내로) "그 남편은 그 땅의 장로로 더불어 성문에 앉으며 사람의 아는 바가 되며"(잠 31 : 23), (며느리로서) "어머니께서 가신 곳에 나도 가고 어머니께서 유숙하시는 곳에서 나도 유숙하겠나이다"(룻 1 : 16). (신앙인으로서) "금식한 후에 규례를 어기고 왕에게 나가리니 죽으면 죽으리이다"(에스더 4 : 16). (타인을 위하여) "욥바에 다비다라 하는 여제자가 있으니 그는 선행과 구제하는 일이 심히 많더니"(행 9 : 36). "두아디라성의 자주 장사로서 하나님을 공경하는 루디아라 하는 한 여자가 들었는데 주께서 그 마음을 열어 바울의 말을 청종하게 하신지라"(행 16 : 14). (어머니로서) "그 여자가(요게벳) 잉태하여 아들을 낳아 그 준수함을 보고 그로 석 달을 숨겼더니"(출 2 : 2). (한나) "그를 여호와께 드리되 그의 평생을 여호와께 드리나이다 하고 그 아이는 거기서 여호와께 경배하니라"(삼상 1 : 28).

여자는 존경되고 또 보호받아야 할 자이다. 그 이유로서 첫째가 남자의 영광의 길이기 때문이다. "아내를 얻은 자는 복도 얻고 여호와께 은총을 받은 자니라"(잠 18 : 22). "어진 여인은 그 지아비의 면류관이나"(잠 12 : 4). "여자는 남자의 영광이니라"(고전 11 : 7).

둘째로 배례를 받고 사랑을 받아야 한다. "남편들아 아내 사랑하기를 그리스도께서 교회를 사랑하시고 위하여 자신을 주심과 같이 하라"(엡 5 : 25). "남편들아 아내를 사랑하며 괴롭게 하지말라"(골 3 : 19). "남편된 자들아 이와 같이 지식을 따라 너희 아내와 동거하고 저는 더 연약한 그릇이요 또 생명의 은혜를 유업으로 함께 받을 자로 알아 귀히 여기라"(벧전 3 : 7).

필자가 몇 가지 설명을 덧붙인다면 불교의 가르침에는 아내의 유형별로 그럴듯하게 설명은 되었다. 누구나 착하고 어진 아내가 되고 싶은 것이다. 사람은 근본적으로 악하지 않다. 그러나 사람이 아무리 마음을 어질게 가지려고 다짐을 해도 마음은 원숭이와 같아 잠시도 그대로 있지 못하고 여러 가지로 움직인다. 그 마음이 움직이는대로 따라가다 보니 선행을 할 수는 절대로 없다. 다시 말하면 중심이 없다.

또한 불교의 가르침에는 여성들에게 의무만 강조하였지 인간의 삶 자체, 즉 사랑과 존경을 받고 남을 사랑하는 풍성한 삶이 없다. 물질 문제에만 집착하였지 영혼 문제는 전혀 거론도 없다.

여기에 비해서 기독교의 가르침의 중심은 살아계시는 하나님에

촛점을 맞추어서 행동을 하기 때문에 날마다 어진 여성의 길을 갈 수 있다. 간혹 잘못된 길로 갔을 때는 눈물로 회개하고 돌아선다.

　불교는 회개가 없기 때문에 사람을 억압하는 죽음의 종교지만 기독교는 눈물어린 회개가 있기 때문에 기쁨이 넘치는 생명의 종교다.

　여성들에게 의무만 강요하는 것이 아니라 창조주 하나님으로부터 받은 근본적인 삶, 사랑과 자유, 은혜 속에 풍성한 것으로 채워 주신다. 기독교의 가르침이야말로 개인과 사회를 변화시킬 수 있는 생명력 있는 참 가르침이며 물질문제 뿐만 아니라 영원한 삶이 있는 영혼의 안식을 제공해 준다.

　우리 여성들이 예수님 안에서 포근한 아내로서, 어머니로서 착한 길로 가기를 바라면서‥‥‥‥‥.

물의 교훈을 생각한다

　인간은 자기 자신이 무엇으로 구성되어 있으며 이 우주의 근본은 무엇으로 되어있을까 ?
　인간은 삶의 영혼성을 물에서 찾으려 하였다. 그것은 물이 인간과 우주의 생성에 근본의 원소로까지 생각되었기 때문이다. 그만큼 밀접한 관계를 유지하여 왔다고 생각할 수 있겠다. 신라 말의 석학 (碩學) 최치원 선생의 글을 여기 한편 소개하겠다.
　그는 조국 신라 말기의 부패한 조정을 조용히 주시하면서 한때 당나라에 가서 벼슬살이도 하면서 좋은 글을 쓰기도 하였다.
　"토 황소격문"이라는 황건적을 꾸짖는 글 한편을 썼는데 그 글을 받아본 황건적이 스스로 물러갈 정도였으니 대단한 문장가였다고 생각되어 진다. 요즈음 같이 인류의 양심도 저버리고 독재 정치가 판을 치는 시기에 최치원 선생 같은 분의 양심적인 글들이 쏟아져 나오면 헌법 개정에 대한 시비도 신문지상에 오르 내리지도 않을 것이다. 최치원 선생은 불안한 조국 신라에 돌아와서 함양 헌감이라는 벼슬살이도 하였으나 그 큰 뜻을 펴보지 못한채 산골 절을 전전하면서 그 생을 마쳤다.
　― 미친듯이 분주하게 깊고 깊은 산골을 돌아다녀 보았는데 / 빽빽히 고인돌이 부르짖어 가로되 / 사람의 말소리는 지척간인데도

분별할 수가 없네. 항상 무서운 시비의 소리가 귓가에 닿네／그러므로 흐르는 물이 다하도록 말없이 우뚝 서 있는 산을 보고 배우리라－

　종교 중에서도 불교와 기독교의 가르침에서 물에 대한 교훈을 살펴보자.

1. 불교는 청정수, 명경지수

　불교는 청정수 즉 맑은 물 또는 명경지수 그릇에 담긴 거울 같은 물을 말한다. 고려때 보조국사 지눌의 진심직설(眞心直說)에 보면 사람의 마음이 그릇에 담은 맑은 물 같다는 것이다. 그 그릇은 사람의 몸을 말하고 마음은 물을 말하는데, 맑은 구슬이 물속에 들어가면 그 구슬(淸淨珠)로 인해서 그릇도 물도 맑게 된다는 것이다. 이 맑은 구슬이야 말로 불심(佛心 : 부처의 마음)이라고 하는 것인데 누구든지 가지고 있으며 이것을 맑게 가꾸면 몸도 마음도 맑아진다는 것이다. 불교의 가르침은 언뜻 보기에는 그럴싸하게 들리나 번뇌에 찌든 몸과 마음을 가지고는 우리의 힘으로 맑은 구슬도 발견할 수도 없고 닦을 수도 없다.

　어떻게 보면 가장 많은 모순과 불합리한 교훈을 포함하고 있다.
　깨끗한 맑은 물, 거울같이 맑은 물은 우리의 마음에 약간의 호소력이 있을수 있으나, 그러나 그릇에 담긴 흐르지 않는 물은 항상 썩을 수 있다. 그러므로 오늘날 불교가 부패 타락한 주된 원인이 바로 여기에 있다고 생각한다. 썩은 물은 자체의 힘으로 정화할 수가 없다.

2. 기독교는 영생수 생명수를 말한다.

　기독교의 가르침은 살아서 생동하면서 사람을 근본적으로 변화

시킨다. 어떤 의미에서 기독교는 용광로의 역할을 한다고 본다. 깡패들, 살인자들, 그 어떤 사람이든 기독교의 용광로에 녹여서 새 사람으로 변화시키는 것이다. 물을 이야기하다가 용광로를 이야기하니 서로 모순되는 것 같으나 사실은 영생수는 바로 용광로의 쇳물과 같아서 사람의 육신과 영혼을 근본적으로 변화시킨다고 생각한다. 사마리아의 수가성에 다섯 남편을 거느린 여인도 예수님께 완전히 녹아져서 생명수를 마시고 새 사람으로 변화했다.

독자 여러분!

모세가 광야에서 반석을 지팡이로 침으로써 생명수가 솟아났다. 반석은 구원의 반석이라 하여 예수님을 상징하기도 하나 필자는 우리의 마음이라고 생각한다. 우리의 마음이 바윗돌 같이 딱딱하고 완악하여 바늘하나 꽂을 수 없는 상태에서 바로 예수님의 십자가로써 성령의 역사로 인하여 바위가 녹아졌을 때 그 속에서 생수가 솟아나서 영원히 목마르지 않으며 이웃에게도 은혜의 생명수를 나누어 줄 수 있다고 생각한다. 기독교의 영생수야 말로 주린 영혼의 갈증을 풀어줄 수 있다. 독자 여러분! 불교의 청정수는 영원히 우리 인류의 갈증을 해소시키지는 못한다. 그 이유는 그 자체가 항상 부패하기 때문이다.

그러나 기독교의 영생수는 살아서 약동하면서 역사하기 때문에 인류의 삶과 나아가서는 역사를 변화시킨다. 메마른 우리들의 마음밭에 성령의 단비가 내려져서 생명수의 근원이 될 줄 믿는다.

물의 교훈을 생각하면서 새롭게 그 고마움을 느껴보자.

룸비니와 베들레헴

— 사람들은 그 목숨을 서로 양도한다. 마치 경주하는 자들이 햇불을 넘겨 주듯이(루크레티우스) —

동서고금을 막론하고 아무리 하찮은 종교에서도 그 교조(教祖)의 탄생에 대해선 전설적인 장식을 해서 신성화하는 법이다. 5월은 석가의 탄생을 기념하는 4월 8일이 있다.

동남아에서는 불교를 극성스럽게 믿어도 4월 8일을 공휴일로 정한 나라는 버마와 우리 한국뿐이다. 이번달에는 석가선생의 탄생과 구주 예수님의 나심을 한번 생각해 보기로 하자.

— 우리들의 최초의 시간은 우리에게 생명을 주신 동시에 벌써 생명을 끊어 버린다.(세네카) —

불교(佛教)와 기독교(基督教)의 창시자인 두분의 탄생에는 우연한 일치점이 몇가지 있다. 그건 둘다 장자(長子)였으며 또한 집에서 태어나지 못하고 그 산모가 출타중에 태어 났다는 점이다. 석가선생은 룸비니의 연못가 무우수(無憂樹)아래에서 태어났고 구주 예수님은 베들레헴의 마굿간에서 태어난 것이다.

1. 룸비니에 대하여 생각해보자.

인도의 북쪽 히말라야 산맥 남쪽 지금의 네팔(Nepal)의 영토에 지금으로부터 약 3000여년전 카필라(Kapila)라는 조그마한 나라가 정반(Suddhodana)왕에 의하여 다스려지고 있었다. 농업국이었던 카필라국은 해마다 농사가 풍년이 들고 거기에다 정반왕의 어질고 밝은 정치로 온 국민은 여유있고 평화로운 생활을 하고 있었으나 정반왕과 왕비 마야(Maya)부인 사이에 장차 왕위를 계승할 태자가 없어 궁중은 물론 온 국민이 걱정스러운 나날을 보내고 있었다. 그러던 중 정반왕의 나이 40세가 되던 해 이상하게도 마야 부인이 하늘에서 한마리의 흰 코끼리가 내려와 자기 품속으로 들어오는 꿈을 꾸고 태기가 있어 정반왕을 비롯하여 온 국민이 다같이 기뻐하며 왕자의 탄생을 손꼽아 기다리게 되었다. 만삭이 되어 해산 날짜가 가까워 오자 마야 부인은 그때 인도의 풍습에 따라 친정인 구리국(Devadana)으로 가서 아기를 낳으려고 카필라국을 떠나게 되었다. 때는 바야흐로 백화(百花)가 만발하고 벌나비들이 꿀을 찾는 군무(群舞)가 한창이고 새들이 지저귀는 늦은 봄 4월 8일, 여러 시종을 거느리고 친정으로 가던 마야 부인의 행차가 룸비니(Lumbini)라는 동산에서 잠깐 쉬었다. 그때 별안간 산기(産氣)를 느껴 늘어진 무우수(無憂樹)나무 가지를 오른손에 잡은채 우협(右脇 : 오른쪽 옆구리)으로 태자가 탄생하였다. 이 태자가 세계 3대 종교의 하나인 불교를 일으킨 석가모니(Sakymuni)이다. 석가모니란 석가족의 성인이란 뜻이다. 이렇게 해서 태자가 탄생하자 아홉 마리의 용이 하늘에서 물을 뿜어 태자를 목욕시키고 네송이의 연꽃이 땅속에서 솟아올라 태자의 발을 받든다. 홀연히 솟아난 연꽃을 딛고 일어선 태자는 조용히 사방으로 각각 일곱씩을 걷고 제자리에 돌아와서 오른손으로 하늘을 가리키고 왼손으로 가리키면서 소리높혀 외치기를 "하늘 위와 하늘 아래에서 나 홀로 높으니 온 누리가 다 괴로움에 내가 마땅히 평안하게 하리라."(天上天下 唯我獨尊 三界 皆若我堂安之)라고 하였다. 탄생후 5일만에 일체의 목적이 성취된다는 뜻으로 싣달타(Siddartha : 悉達多)라고 이름을 지었는데 어머니 마야 부인은 불행하게도 7일만에 세상을 떠났기 때문에 정반왕은 마야 부인의 동생인 마하파사파제 부인을 맞아들여 왕비로 삼고 태자를 기르는데 정성을 다하기로 하였다. 정반왕은 태자를 얻어서 하도 기뻐서 히말라야 산 기슭에 사는 아시타(Asita)라는 도인(道人)을 불러 태자의 관상을 보게 하였다. 태자의 슬기롭고 덕스러운 모습을 본 아시타는 별안간 눈물을 흘렸다. 정반왕은 궁금하고 이상하여 그 이유를 물었다. 아시타는 "이 태자는 서른 두가지의 상스러운 상(相)을 가지고 있는 데 이 32상을 가진 사람은 만약 세속에 있으면 천하를 다스릴 대황제인 전륜성왕(轉輪聖王)이 되어 올바른 법으로 세상을 다스리되 그 어느 쪽에도 기울어짐이 없을 것이고 그 은혜가 널리 미쳐 무력을 사용하지 않고도 천하가 태평해질 것이며, 그렇지 않고 세속을 떠나 출가(出家)하여 도(道)를 닦는다면 수없는 훌륭한 진리를 깨쳐 위대한 성인이 되어 무수한 인류를 구제할 것입니다"라고 하였다. 정반왕은 이 말을 듣자 기쁨을 감추지 못하면서 "그렇다면 눈물을 흘리는 까닭은 무엇인가?"라고 물었다. "예의 태자께서는 장차 훌륭한 분이 된 후에 좋은 말씀을 많이 하실 것인데 신(臣)은 너무 늙어 여생이 얼마남지 않았으므로 그때까지 살지 못하여 그 좋은 말씀을 들을 수 없는 것을 생각하오니 저도 모르게 눈물이 흘렀습니다." 라고 대답하였다. 정반왕은 처음에는 무척 기뻤지만 또 한편으로 곰곰히 생각하여 보니 좀 서운하기도 하였다. 왜냐하면 전륜성왕이 된다는 말은 반가운 말이었지만 출가해서 도를 닦는다는 말에는 저으기 낙심하지 않을 수 없었으니 늦게 얻은 태자가 만약 출가한다면 왕위를 계승할 사람이 없을 것이기 때문이었다.

2. 베들레헴의 사건을 마음에 새기자

― 태어나는 것은 죽어가는 첫걸음이니라. 사망은 탄생의 결과이다.(마닐리우스) ―

예수의 탄생에 대해선 신약성서의 4복음서 가운데 마태와 누가복음만이 기록하고 있다. 먼저 누가복음에 의하면 하나님은 가브리엘 천사를 갈릴리의 나사렛에 사는 다윗의 후손 요셉과 약혼한 처녀 마리아에게 보낸다. "그에게 들어가 가로되 은혜를 받은 자여 평안할지어다. 주께서 너와 함께 하시도다하니"(눅 1 : 28) 마리아는 이 인사말의 뜻을 알지 못해 어리둥절 한다. "천사가 일러 가로되 마리아여 무서워 말라 네가 하나님께 은혜로 얻었느니라 보라 네가 수태하여 아들을 낳으리니 그 이름을 예수라 하라"(눅 1 : 30~31) 그는 위대한 인물이 될 것이며 가장 높으신 하나님의 아들이라 부르게 될 것이다. "저는 처녀인데 어찌 그런 일이 있을 수 있을까요?" "성령이 네 위에 내려오고 하나님의 권능이 너를 덮어 주실게다. 그러므로 태어난 분은 하나님의 아들이라 불리게 되리라."

그 무렵 로마의 어거스티스 황제가 전국에 호적을 하라는 명령을 내린다. 어쨌든 호적을 하려고 저마다 자기 고향으로 간다. 요셉도 나사렛에서 다윗의 마을인 유대의 베들레헴으로 마리아와 함께 올라간다. 그들이 베들레헴에 도착해 보니 이미 여관은 꽉 차 가까스로 마굿간에 머물게 된다. 거기서 마리아는 첫 아들을 낳은 것이다.

바로 그 근처 들판에는 목자들이 밤을 세워가며 양떼를 지키고 있었는데 별안간 천사가 나타나 몹시 두려워 하는 그들에게 이렇게 말한다. "천사가 이르되 무서워 말라 내가 온 백성에게 미칠 큰 기쁨의 좋은 소식을 너희에게 전하노라. 오늘날 다윗의 동네에 너회를 위하여 구주가 나셨으니 곧 그리스도 주시니라. 너희가 가서 강보에 싸여 구유에 누인 아기를 보리니 이것이 너희에게 표적이니라 하더니 홀연히 허다한 천군이 그 천사와 함께 있어 하나님을 찬송하여 가로되 지극히 높은 곳에서는 하나님께 영광이요 땅에서는 기뻐하심을 입은 사람들 중에 평화로다 하니라."(눅 2 : 10∼14)

천사들이 하늘로 돌아간 뒤에 목자들이 서둘러 그곳을 가보니 갓난 아기가 구유에 뉘여 있고 마리아와 요셉도 함께 있다. 목자들은 듣고 본 모든 것이 천사한테서 들은 것과 같았으므로 하나님의 영광을 찬송하면서 돌아간다. 태어난지 8일만에 할례식날 천사가 전에 일러준대로 그 이름을 예수라고 짓는다.

마태복음에 의하면 이렇게 적혀있다. 마리아는 요셉과 약혼 했지만 아직 결혼전인데 임신한 사실이 드러난다. 그러나 요셉은 원래 의로운 사람이기에 임신한 마리아를 부끄럽게 하고 싶지 않아 남몰래 파혼하려고 곰곰히 생각하고 있는데 문득 꿈에 주님의 천사가 나타나 이렇게 말한다. 이일을 생각할 때에 주의 사자가 현몽하여 가로되 다윗의 자손 요셉아 네 아내 마리아 데려오기를 무서워 말라 저에게 잉태된 자는 성령으로 된 것이라 아들을 낳으리니 이름을 예수라 하라. 이는 그가 자기 백성을 저희 죄에서 구원할 자이심이라 하니라. 이 모든 일의 된 것은 주께서 선지자로 하신 말씀을 이루려 하심이니 가라사대 보라 처녀가 잉태하여 아들을 낳을 것이요 그 이름을 임마누엘이라 하리라 하였으니 이를 번역한즉 하나님이 우리와 함께 계시다 함이라(마 1 : 20∼23). 요셉도 잠에서 깨어나 마리아를 아내로 맞아들인다. 그리하여 예수는 헤롯왕 때에 유대의 베들레헴에서 태어난다. 그때 동방에서 박사들이 예루살렘에 찾아와 말한다. "유대인의 왕으로 태어 나신 분이 어디 계신가요? 우리는 동방에서 그분의 별을 보고 그분께 경배드리러 왔소이다" 헤롯왕은 그 말로 몹시 근심스러워 졌으며 예루살렘도 그 소문으로 온통 떠들썩해진다.

헤롯왕은 제사장과 율법사들을 모아 그리스도가 어디서 난다고 했는가를 은근히 묻는다. "유대의 베들레헴이지요. 예언서에 이렇게 써 있거든요. 유대 베들레헴아 너는, 유대마을에서 이름난 마을이다. 네게서 한 지도자가 나와서 내 백성 이스라엘의 목자가 될 것이라." 그래서 헤롯은 몰래 박사들을 불러서 별이 나타난 때를 시시콜콜 캐묻고 그들을 베들레헴에 보내면서 은근히 지시한다.

"가서 아기에 대해서 자세히 알아보고 찾거든 내게도 알려 주오. 나도 가서 아기께 경배하려는 거요." 박사들이 떠나가는데 문득 동방에서 본 별이 다시 나타나 아기가 있는 곳까지 가더니 그 위에 멈춘다. 그들은 기뻐하며 그 집에 들어가 아기를 보고 엎드려 경배한 후 보물함을 열어 황금 유향 몰약 등을 선물로 드린다. 그리고 그들은 꿈에 헤롯왕에게로 가지 말라는 지시를 받고 딴길로 해서 자기 나라로 돌아간다. 그후 천사가 다시 요셉의 꿈에 나타나 지시한다. "헤롯이 아기를 찾아 죽이려 하니 속히 애굽으로 피난가서 내가 지시할 때까지 기다려라." 그래서 그는 곧 이집트로 피난한다. 한편 헤롯은 박사들에게 골탕먹은 걸 알고 노발 대발해서 곧 베들레헴과 그 근처에 사람들을 보내서 박사들에게 알아 본 때를 표준으로 두살아래 사내 아이들을 모조리 죽인다.

우리는 여기서 석가는 세상의 영광과 명예를 한몸에 지니고 태어났고 예수는 인간의 고통과 질고와 박해를 감수하면서 진정 죄범한 인류를 위해서 "메시야"로서 이 지구상의 평화의 왕으로 탄생하셨다. 불교의 룸비니 동산도 온통 전설과 설화로써 꾸며져 있으나 기독교의 베들레헴의 사건은 억압받는 자 소외된 자들에게 참 소망을 주시려는 하나님과 인간과의 화목의 시작이며 진정 인류 역사의 전환점이라고 생각한다.

우리는 이 사건의 교훈에서 진정 암담한 암흑기에 살고 있는 인류들에게 복음의 밝은 빛을 전하자. 영원히 꺼지지 않는 진리의 불빛은 빛된 생활을 사모하는 가슴마다 활~활 타오를 것이다.

달마의 법복과 엘리야의 겉옷

원시 인류의 생활 필수품 중에 하나가 의복이었을 것이다. 유목사회이거나 농경 부족사회를 가리지 않고 사람들의 큰 일은 먹는 일 다음에 입는 문제일 것이다.

인간의 최소한 기본 생활인 의(衣), 식(食), 주(住)문제를 어떻게 해결하는가 하는 것을 가지고 작게는 가정에서부터 크게는 정치 문제로 거론되기도 한다. 그 중요성을 차례로 열거하면 먹는 것(食), 입는 것(衣), 거처하는 것(住)일텐데 어떻게 입는 것, 먹는 것, 거처하는 것으로 그 순서가 정해졌을까?

의복도 사람의 신분 및 계급의 표시 내지 상징으로서 그 화려함이 권위와 예술의 극치를 이룩한 때도 있으며 한시대의 문명의 척도가 된 적도 있었다. 현대에 있어서도 여성과 의상은 중요한 의미를 간직하고 있다고 말할 수 있다. 우리의 속담에 "입은 거지는 얻어먹을 수 있어도 벗은 거지는 빌어먹기조차 어렵다"는 말이 있다. "옷이 날개다"라는 말도 있다. 따스한 봄철을 맞아 두껍고 두툼한 겨울옷을 벗고 화사한 봄옷을 갈아 입는 4월을 맞아 자연도 봄 단장을 할 것이다. "산중인(山中人)"이라는 시(詩)한편을 여기에 옮겨보자.

"산에 사는 사람이라 산중 이야기를 즐겨 쓴다. 4월의 솔바람(松風)팔고 싶으나 그대도 값모를까 그게 두렵네." 불교의 고승 달마

(達磨)의 법복(法服)과 기독교의 엘리야의 겉옷을 한번 생각해 보자.

1. 달마(達磨)의 법복(法服)

달마 대사는 남 인도의 향지국의 왕자로 태어났다. 일찌기 불교에 귀의하여 크게 깨친 바 되어 석가 선생으로부터 불법(佛法)을 이어받아 28대 조사(祖師 : 주 ; 석가로부터 28대째의 불교의 최고 지도자)가 되었다. 인도의 불교는 사양길에 들어섰다. 달마는 자기 고향 인도의 불교 지도권을 자기의 스승이자 친구인 보리 유지 대사에게 부탁하고 중국을 향하여 배를 타고 왔다.

중국에는 벌써 소승(小乘)계통의 불교가 전해져 있었다. 때는 양나라 무제가 통치하고 있어서 그 나름대로 국가의 비호를 받으면서 비록 소승 불교이지만 발전하고 있었다. 달마가 대승불교를 가지고 넓고 광활한 중국땅에 왔는데 양 무제(梁武帝)와의 대면에서도 서로 견해 차이로서 달마는 황제로부터 푸대접을 받았다. 그 후에 숭산의 소림사(少林寺)에 들어가 수도에 전념하였다. 달마는 중국에 와서 처음으로 선불교(禪佛教 : 참선불교)를 전했다. 달마는 그의 제자 혜가에게 참선 불교를 전하면서 자기가 인도에서 가지고 온 갈포(삼베와 칡넝쿨을 섞어서 짠 것) 법복(法服)과 발우(승려들이 사용하는 밥그릇)를 기념으로 전했다. 그러니까 달마가 중국에 와서 참선 불교를 처음 전했기 때문에 1대 조사가 되었고 2대 조사는 그의 제자 혜가가 되었다. 3대 조사는 혜가의 제자 승찬이 되었고 4대는 도신, 5대는 홍인대사가 되었다. 다시 말하면 달마가 입던 다 낡아빠진 갈포 법복이 중국의 대승 불교 즉 참선불교의 최고의 권위로 인정하게 되었으므로 그 법복을 가지고 있는 사람은 수많은 승려들과 신도들을 지도할 수 있으며 그들로부터 과히 신(神)과 같이 추앙을 받을 수 있기 때문에 많은 승려들이 달마의 법복을

불교 교리의 허구성과 기독교의 진리 91

탐내게 되었다. 하루는 5대 조사 홍인에게 글 한자 모르는 무식한 나무군 혜능이 찾아왔다. 홍인은 혜능이 글 한자 모르는 무식한 사람이지만 그 마음씨가 넓고 깊어 과연 참선불교를 전할만한 인물(人物)됨을 알아보고 수많은 중이 시기해서 해칠까하여 방앗간에 보내서 8개월이나 방아를 찧게하였다. 어느 깊은 밤에 5대 조사 홍인은 혜능을 가만히 불러 참선불교를 전하면서 아울러 달마의 법복도 전해주면서 6대 조사(祖師)로 혜능(慧能)을 임명하였다. 홍인은 새로 임명된 혜능에게 그 밤에 달마의 법복을 가지고 도망하도록 시킨다. 혜능은 달마의 법복을 가지고 장장 15년을 산골로 피해 도망 다녔다. 수많은 중들이 불교를 수도해서 그 권위를 세우려 하지 않고 그 다낡아 헤어진 달마의 법복을 빼앗으려고 찾아 나섰다. 혜능은 죽을 고비를 여러번 넘겼다. 종교인 아니 지도자로서 즉 불교의 고승의 위치는 그 인격과 공부 수행(修行)에 있는 것이지 헌 옷가지에 있지는 않은 것이다. 참으로 웃기는 이야기며 헤프닝이 아닐 수 없다. 이것만 보아도 불교가 허구에 찬 비진리의 종교라는 사실을 웅변적으로 말해주고 있지 않은가?

2. 엘리야의 겉옷

먼저 엘리야와 그의 제자 엘리사가 겉옷을 중심으로 하여 이루어진 사건을 성경을 통해서 한번 생각해 보자. 선지자의 생도(生徒) 오십인이 가서 멀리 서서 바라보매 그 두사람이 요단강에 섰더니 엘리야가 겉옷을 취하여 말아 물을 치매 물이 이리저리 갈라지고 두 사람이 육지 위로 건너더라. 건너매 엘리야가 엘리사에게 이르되 나로 네게서 취하기 전에 내가 네게 어떻게 할 것을 구하라. 엘리사가 가로되 당신의 영감이 갑절이나 내게 있기를 구하나이다. 가로되 네가 어려운 일을 구하는도다. 그러나 나를 네게서 취하시는 것은 네가 보면 그 일이 네게 이루려니와 그렇지 않으면 이루지 아니

하리라 하고 두사람이 행하여 말하더니 홀연히 불수레와 불말들이 두사람을 격(隔)하고 엘리야가 회리 바람을 타고 승천하더라. 엘리사가 보고 소리지르되 내 아버지여 내 아버지여 이스라엘의 병거와 그 마병이여 하더니 다시 보이지 아니 하는지라 이에 엘리사가 자기의 겉옷을 잡아 찢고 엘리야의 몸에서 떨어진 겉옷을 주워 가지고 물을 치며 가로되 엘리야의 하나님 여호와는 어디 계시니이까? 하고 저도 물을 치매 물이 이리저리 갈라지고 엘리사가 건너니라"(왕하 2 : 7~14).엘리사는 그의 스승 엘리야의 겉옷을 달라하지 않았다. 그까짓 겉옷은 안중(眼中)에도 전혀 없었다. 오직 간절히 구한 것은 자기 스승 엘리야가 가지고 있는 영감의 능력을 갑절이나 달라고 여호와 하나님께 그 스승 엘리야를 통해서 주시길 간청하였다.

그 결과 엘리야가 승천하면서 겉옷을 떨어뜨려 준 것이다. 엘리사는 자기의 스승 엘리야와 헤어지는 것이 너무 애통하여 자기 겉옷을 찢고 간절한 마음으로 온사를 사모하였기 때문에 엘리야의 겉옷을 가지고 요단의 물을 치면서 "엘리야의 하나님 여호와는 어디 계시니이까?" 하였는데 이것은 피맺힌 절규며 기도였다.

이에 하나님은 엘리사의 그 기도에 응답하였고 드디어 역사하였다. 엘리야의 겉옷은 초자연적 능력이 있는 것이 아니라 다만 하나님의 도구로 사용된 것 뿐이다. 독자 여러분! 불교의 달마대사의 법복과 기독교의 엘리야의 겉옷과는 너무나 차이가 있다고 생각하지 않는가? 그 차이점을 한번 음미해 보자.

첫째, 불교의 달마 법복은 남을 지배하려는 강력한 상징이며 인간의 희소가치를 부여한 물질소유의 욕구를 불러 일으켰다. 진정한 불교도로서 수행(修行) 정진(精進)을 하지 않아도 된다는 것도 역설적으로 말해주고 있다. 탐욕을 버리라는 불교가 탐욕의 와중에서 스스로 헤어날 길 없다는 것을 말해주고 있다.

속담에 "중이 염불에는 마음이 없고 젯밥에만 마음이 있다"는 것과 같다고나 할까? 그러나 기독교는 살아계신 하나님의 능력을 알기 때문에 감히 탐욕이 없다. 엘리야의 겉옷이 문제가 아니라 하나님의 능력의 손길 앞에 두려워 하면서 그 은사를 사모한다. 여기에 죄인된 인류의 구속자가 있으며 부활의 확실한 소망을 비추어 주는 것이었다.

둘째로 불교는 수분지족(守分之足), 분수를 지키며 만족할 줄아는 교훈을 잊어버리고 아귀다툼으로서 권세와 영예를 차지하려고 그 까짓 달마의 헌 누더기 옷으로 인하여 살인까지 서슴치 않으려 하였다. 그러나 기독교는 살아계신 하나님의 섭리를 항상 가슴에 두고 있기 때문에 선지생도 50인이 엘리야의 겉옷이 하늘에서 떨어지는 것을 보아도 서로 차지하려고 싸우거나 다툰 적이 없다. 어디까지나 하나님의 역사를 겸손한 자세로써 바라보면서 감사하면서 따랐다.

같은 옷이라도 불교의 달마의 법복은 잔인한 투쟁의 상징이었으나 기독교의 엘리야의 겉옷은 하나님의 능력으로서 요단의 물을 가르고 건너가도록 했으니 이것은 죄인된 우리 인류에게 확실한 내세의 소망을 보여주신 것이라고 생각되어 진다.

우리 모두 무섭고 추운 겨울에 움추렸던 몸에서 따스한 봄을 맞아 엘리야의 겉옷을 생각하며 하나님의 능력의 옷을 입고 믿지않는 영혼들에게 전도하여 그들에게도 그리스도의 따스한 마음을 갖도록 하자.

※주(註) : • 소승불교 — 자기 자신만을 생각하는 이기적인 불교수행 방법
　　　　　• 대승불교 — 자기 자신보다 타인을 생각해서 폭 넓게 수행하는 불교, 즉 소승은 계율을 주로 하고 대승은 염불과 참선을 주로 수행의 대상으로 한다.

지극히 큰 것과 가장 작은 것

　인류의 생활에서 그 사회가 고도의 문명을 유지하든지, 그렇지 않으면 원시 야만의 낙후된 문화생활을 하든지 수량의 개념이 밀접한 관계를 형성하여 왔다고 생각한다.
　현대와 같이 고도의 문화가 형성되면 될수록 숫자 놀음도 그만큼 늘어난다고 생각된다. 심지어 우리들 사고(思考)의 영역까지도 수량화 시키려는 경향이 늘어가고 있다. 마치 현대인은 숫자의 의사 표시의 보편화가 확실한 믿음을 심어주는 것 같은 느낌 마저도 들고 있다. 이른바 컴퓨터(computer)의 처리 능력은 신(神)의 계시능력을 대신하는 감마저 있고 성경의 예언과 약속의 말씀은 믿음으로 잘 받아들이지 않으면서도 컴퓨터의 처리결과는 무조건 믿는 경향이 날로 팽배해 가고 있다. 인간이 만든 기계가 신의 위치를 점유하여 가고 있으며 인간은 그 위력 앞에 꼼짝도 못하고 굴복하고 있다. 종교의 가르침에도 숫자의 개념이 어떻게 도입되었을까? 불교와 기독교의 입장에서 한번 생각해 보기로 하자.

1. 불교의 가르침에는 가장 큰 것을 요구한다.

　시주를 많이 하라, 부처 앞에 절을 3,000번 하라, 큰 부처를 만들어라, 큰 탑을 건립하라. 불교에서는 무엇이나 가장 큰 것을 요구한다. 우리 민족이 몽고의 오랑캐들에게 침략을 받아 국토(國土)가 황폐하게 되어 백성이 유리 방황하였을 때 고려 조정은 강화도에 건너가서 부처의 힘으로 몽고족을 물리치려고 얼마나 많은 시주를 하였으며 불공은 얼마나 많이 하였으며 절을 짓고 큰 돌탑과 돌부처는 얼마나 많이 건립하였는가?

전후 장장 16년에 걸쳐서 팔만대장경을 목판에 새겼으며 얼마나 많이 조정의 고관들로부터 하급 백성에 이르기까지 돌부처 앞에 허리가 휘여질 정도로 절을 하였는가?

그러나 그 큰 돌부처가 우리 민족을 처참한 국난에서 결코 지켜주지 못했다. 얼마전에 필자는 강원도 속초와 양양 지구에 전도 집회를 하였다. 그때 보고 들은 이야기를 여기 한 토막 소개할까 한다.

공화당 정권 때 강화도 양양 낙산사에 동해를 바라보는 우리 민족의 수호신격인 "해수관음보살"을 수억원의 돈을 들여가면서 만들었다. 100여명의 시주자들의 명단이 있는데 1번이 박정희씨 2번이 육영수씨 3번이 이후락씨 이렇게 적어 갔는데 그 가운데 10번까지는 비참하게 죽었거나 형편이 초라한 민족의 반역자라고 후대의 사가(史家)들에게 낙인 찍혀질 인간들의 군상들이 대부분이었다. 또한 시주자들의 형편이 문제가 아니라 속초와 양양 일대의 어민들의 숫자가 그 돌부처를 만들고 난 후부터는 고기가 잡히지 않아서 절반가량으로 줄어 들었다는 것이다. 그래서 어떤 어민대표들은 무당을 데려다가 풍어제도 지내보았고 때로는 중들을 데려다가 풍어 불공도 해 보았으나 아무런 효과도 없었는데 바로 작년에 거진항의 목사님들과 장로님 그외 성도들이 모여서 간절히 기도하면서 풍어 예배를 드렸더니 차츰차츰 고기가 잡히기 시작하였고 그후부터는 성도들이 늘어 가면서 복음 전도가 활발히 되어간다는 것이다.

사람들은 가장 영리한 것 같으나 가장 어리석다. 석고로 된 부처 하나에 25,000원 정도면 능히 살 수 있는데 그곳에다가 돈을 놓고 절을 하면서 수천만원의 복을 달라고 빌고 있으니 한심한 일이다. 그 부처의 값이 총계 25,000원 뿐이니 복을 주어 보았자 25,000원 이상 더 줄 것이 무엇이 있겠는가?

지금 아시안 게임을 앞두고 문화재 보수라 하여 절도 단장하고 있으며 부처에 금물감도 칠하고 있으며 또한 경남 김해의 생림면에서는 세계에서 제일 큰 미륵 돌부처를 만들고 있으며 보은 속리산 법주사에서는 이 불경기에 수십억원을 들여 가면서 청동 관음상을 만들고 있으며 곳곳마다 우상의 잔치를 베풀고 있는 실정이다. 그 큰 돌부처가 우리 민족을 지켜주지 못할 것이며 또한 국위도 선양되지는 결코 않을 것이다.

2. 기독교는 가장 작은 것을 요구한다.

성경에 보면 "겨자씨 한알 만한 믿음을……"이라든지 그렇지 않으면 "작은 소자에게 물 한그릇 대접한 것이 나에게 한 것과 같다."라고 예수님은 가르친다. 기독교는 불교처럼 실천 불가능한 허황된 가르침은 원하지도 않는다. 누구든지 믿으면 실천 가능한 지극히 작은 것을 요구한다.

같은 돌인데도 불교에서는 가장 큰 돌부처로 만들었다. 그러나 기독교에서는 지극히 작은 돌을 말하고 있다. 연약한 목동 다윗에게 조그만한 물매돌이 들려졌다. 비록 작은 돌이지만 여호와 하나님께서 같이 하시므로 장대한 블레셋의 골리앗을 물리치므로써 블레셋이 무너지고 이스라엘이 구원 받는 역사가 있었다. 기독교는 예수님 자신이 건축자들의 버린 돌이 모퉁이의 머릿돌이 되었다고 가르치고 있다.

기독교 가르침의 지극히 작은 것의 교훈이야 말로 우리의 육신과 영혼을 생명의 길로 인도한다고 생각한다.
 부동산 투기나 하고 허황된 사행심을 조장하는 불교식의 가장 큰 것의 교훈보다는 "분수를 알고 족한 줄을 알라"는 기독교의 가장 작은 것의 교훈은 오늘을 사는 현대인들은 한번 생각해 볼 교훈이라고 느껴지지 않는가?

영원한 생명의 길

 인간의 삶을 일시적인 것과 영원한 것으로 나누어 말할 수 있다. 그러나 대부분의 사람들은 마음 속으로 영원한 삶을 살기 원하나 육신이 연약하기 때문에 일시적이고 가시적(可視的)인데 매이고 또 집착하게 된다. 영원한 삶을 살기 위해서는 버려야 할 것과 가져야 할 것이 있다.
 이것을 불교와 기독교적 입장에서의 그 견해와 주장을 살펴보자.

1. 불교의 「放下着」

 「방하」(放下)란 「버려라」란 의미이다. 여기에 붙은 「착」(着)은 아무 의미가 없이 붙어 있는 묶음이다. 석가모니는 29세에 사회적 지위도 가족도 다 버리고 난행고행(難行苦行)으로 들어갔다. 그러나 35세에는 그 난행고행을 버린다. 고(苦)와 낙(樂), 망설임과 깨달음의 대립관념 위에선 고행의 상대적 지식을 버린 것이다.
 옛날 중국의 「엄존자」라는 수행자가 조주화상(趙州和尚)에게 「일물불장래(一物不將來)-모든 것을 버리고 빈털털이 일 때에는 어떻게 하면 됩니까?」하고 물었다. 조주화상의 대답은 「방하착」이었다. 그때 엄존자는 물고늘어지며「버리라고 하시지만 빈털털이로 아무것도 가지고 있는 것이 없는데 또 무엇을 버리라고 하는가?」고 반론했다. 그러자 조주화상은 「그렇다면 담취(擔取)하라」고 했다. 「담취」란 「방하」의 반대어로 「취하여 짐을 지라」는 의미이다. 이것은 아무것도 없는데서 짐을 지라는 것이니 아무것도 가지고 있지 않다는 그 의식까지도 버리라는 뜻이다.

인생은 나그네와 같고, 나그네에게 짐은 으레 따르는 법이다. 우리가 일생동안 계속해서 만드는 몸과 입과 마음의 짐은 좋건 나쁘건 인생의 종착역까지 자기가 지고 가지않으면 안된다. 아무도 내 짐을 나누어 져 줄 사람이 없다는 것을 깨닫지 않으면 안된다.

2. 예수님의 멍에

기독교에서는 예수님이 짐을 대신 져 주시겠다고 말씀하신다. 「수고하고 무거운 짐진 자들아 다 내게로 오라 내가 너희를 쉬게 하리라. 나는 마음이 온유하고 겸손하니 나의 멍에를 메고 내게 배우라 그러면 너희 마음이 쉼을 얻으리니 이는 내 멍에는 쉽고 내 짐은 가벼움이라」(마태 11：28-30)고 기록되어 있다.

예수님께서 우리를 무거운 짐으로부터 해방시켜 주시고 예수 안에서 쉬운 멍에를 메고 참 평안을 얻을 수 있음을 가르치는 말씀이다.

예수님은 철저하게 세상적으로 자기자신을 버리셨다. 거처할 방 한칸도 없었고, 그를 따르는 제자들에게도 육신적인 모든 줄과 짐을 벗어버리고 따르라고 하셨다.

그럼에도 불구하고 오늘을 사는 우리들은 너무나 많은 짐을 지고있다. 명예, 학문, 지위, 재물… 그뿐 아니라 안락한 생활을 위하여 많은 것을 갖고 지고 있다. 자기 자신을 위한 짐은 얼마든지 즐겁게 지지만 이웃을 위해서는 짐을 지기는커녕 조금도 양보하지 않는 현실이라 우리의 주변은 점점 더 각박해져가고 있다.

인류역사에는 많은 스승들의 출현이 있었다. 불교의 석가도 그중 한사람이다. 그러나 그는 스스로 무거운 짐을 지고 헤어날 길이 없는 무기력한 인간들에게 해탈하라고 외치고 있다. 그야말로 동키호테식의 유희놀음이 아닐 수 없다.
　세상 사람들은 예수를 위대한 스승이라고 하지만 그분은 모든 인류의 죄를 대신 지고가는 십자가의 도를 보이셨다. 그 결과 인류의 구세주가 되신 것이다.
　우리 크리스챤들은 영적으로 굶주려 허덕이는 이웃에게 예수의 십자가 진리를 바로 전해 주어 영적 춘궁기를 면하게 하자.

예수님과 석가모니의 시작(始作)

『우리들은 시장(市場)에서 사랑과 빛을 살 수는 없다. 그것들은 〈가격없이 댓가없이〉 우리에게 주어지는 것이다. 유한자가 무한자 이외의 어디에서 자유를 찾을 수 있겠는가? 새장 속의 새가 무한한 창공없이 어디서 자유를 찾을 수 있는가? 엄밀히 말해서 기적을 믿는 자는 유물론자이다-마르카스 우파니샤드』

이것은 인도의 고전철학에서 옮겨본 것이다. 우리는 한 사상 내지 종교를 시장에서 돈으로 살 수는 결코 없다. 그러나 그것들이 영향 미치는 무대는 분명 사람을 상대로 하는 시장같은 데서 그 기능이 이루어진다.

요즈음 자유주의 신앙은 바로 시장에서 사고 파는 역할로 흥정이 이루어지고 있는 느낌이 있다.

필자는 불교나 도교와 기독교 사상을 단편적이나마 비교하므로 일선 목회자들과 우리 조상 대대로 내려오는 뿌리 깊은 사고를 이해함으로서 보수신앙의 토착화에 이바지하고자 한다.

1. 석가모니의 가르침

불교의 금강경은 불경 중에서도 가장 중요한 가르침이 되었다. 『그것이 무슨 까닭이냐? 수보리야(註 : 최상급의 깨달음 法)이다.

이 經에서 나온 것이라』

　불교의 가장 높은 깨달음이 금강경에서 나온다고 한다. 『그때에 마침 석가모니가 식사하실 시간이라 가사 입으시고 발우(승려들이 밥먹는 그릇)가지신 후 사위 큰 성에 드시어 그 성 가운데서 밥을 빌으실 때 차례로 빌기를 모두 마치시고 본곳에 돌아와 이르셔서 밥 드시기를 끝내시고 가사(승려들이 입는 겉옷)와 발우를 거두어 치우시고 발씻기를 마치신 후 자리를 펴고 앉으시다』

　이와같이 석가는 그의 중요한 교훈을 밥먹는데서 시작한 것을 찾아 볼 수 있다.

　불교와 인간의 물질적 욕구는 밀접한 함수관계를 갖고 있다고 생각된다. 승찬대사는 「평상심도」(平常心道)라고 하였다. 즉 배고플 때 밥먹고, 피곤할 때 잠자고……

　이런 평소에 일어나는 일이 도(道)라고 가르친다. 이렇게 볼 때 도(道)란 사람이 복잡하게 살아가는 시장같은 데서 찾고 닦아야 할 것인데 하필 산골에서 해야할까? 이것은 자가당착이며 모순이다.

2. 예수님의 가르침

　마가복음 1장 1절에 보면 「하나님의 아들 예수 그리스도 복음의 시작이라….」고 하였다. 공관복음 중의 가장 중요한 마가복음의 시작에는 예수님이 하나님의 아들이란 사실과 헐벗고 주리고 목마른, 죄의 고통속에 살아가는 인류에게 기쁘고 복된 소식, 즉 복음의 시작이라는 가르침은 종교 중의 종교요, 참 종교로서의 인류에게 영원불멸의 소망인 진리를 비추어준 것이라고 생각한다.

　요한복음 1장 1절에는 「태초에 말씀이 계시니라. 이 말씀이 하나님과 함께 계셨으니 이 말씀은 곧 하나님이시니라」하여 말씀이 곧 도(道)임을 말하고 있다.

　인간의 잡스런 말과 언어의 유희가 아니라 창조주 하나님의 말씀이 도(道)이며 이 말씀이 곧 하나님이라고 하였다. 예수님은 「말씀이 육신이 되어 우리 가운데 거하시매…」그 자신이 바로 길 (道)이며 진리라고 증거한다. 밥이나 먹고 잠이나 자는 불교의 도 와는 근본적으로 다르다.

 기독교는 인류의 지고한 이상을 이 땅에 실현하는 것이다. 불교는 석가모니의 시작이 밥먹는 데서부터이기 때문에 석가모니가 죽고난 후 불교교단이 분열될 때, 동쪽 비구와 서쪽 비구들이 교리적인 문제를 앞세웠지만 실은 내면적으로 신도들이 시주하는 금은 패물을 받아야 하는가 아닌가 하는 물질적인 문제 때문이었다.

 오늘날 불교도들이 절간에서 칼부림이나 하고 살인과 폭력이 난무하는 것은 교리적인 면보다도 물질적인 문제가 주된 원인이다.

 기독교는 초대교회 때부터 이단이 발생하여 교단이 분열된 것은 삼위일체 논쟁 등 하나님을 바로 믿고자 하는 것이 그 주된 원인 이었다.

 근본적으로 불교와 기독교는 그 교훈이 인류의 복된 삶을 위해 서도 그 간격이 땅과 하늘에 비교한다고 할까?

 우리 기독교인들은 석가모니와 예수님의 처음 가르침을 통해 하나님의 택한 백성으로서 천국 시민권 가지게 된 그 은혜에 다시 한번 감사케 되는 것이다.

無念, 無我와 自己否定

사람은 연약한 존재이기 때문에 말과 행동이 일치하기는 무척 어렵다. 그러므로 그것이 일치하는 사람은 성인(聖人)이라 불리운다.
불교의 무념(無念), 무아(無我)와 기독교의 자기부정(自己否定)에 대하여 생각해 보자.

1. 석가모니의 무(無)의 교훈

금강경에「수보리(석가 16대 제자중 하나)야 만약 보살(구도자, 깨닫는 사람)이 자아와 법(法) 없음을 통달한 자면 여래 말씀하시되 이름이 참으로 옳은 보살이니라」고 말하고 있다. 석가모니는 여기서 자아(自我)와 법(法)이 없어야 한다고 설법하였다. 심지어 무(無)를 심도있게 강조하느라고「나와 너와 우리 그 모두가 없어야 한다」고 가르쳤다.

석가 당시 인도의 사상계(思想界)에는 여러가지 학파가 있었으나 그중 불교 로카야타파 그리고 쟈이나교 등 세 유파가 있었다. 이들은 서로 물고 싸우며 처절한 대결을 하고 있었다. 특히 쟈이나교는 불교와 유사점이 많아 그 암투가 대단하였다. 석가모니가 정녕 무념, 무아라면 그렇게 처절한 싸움은 없어야 하지 않겠는가?

중국의 선승(禪僧 : 참 선을 주로 하는 승려) 임제의현은「천(千)

석가 만(萬) 석가가 왜 필요한가. 석가의 몸뚱이는 썩어 없어졌는데 혀만 살아 날름거리누나! 차라리 석가의 가르침인 소승불교(小乘佛敎 : 혼자만 해탈하여 극락가는 것)로 믿느니 지옥에 떨어지는 것이 좋겠다. 바닷물은 마르면 바닥을 볼 수 있어도 사람의 마음은 죽어도 알 수 없구나」라고 하여 말만 앞세우고 행동없는 석가를 꾸짖고 있다. 이것이 불교의 소극적 태도의 한 단면이다.

2. 예수님의 자기부정의 교훈

예수님은 철저하게 자기 부정의 모범을 보이셨다. 누가복음 14장 26~27절에 「무릇 네게오는 자가 자기 부모와 처자와 형제와 자매와 및 자기 목숨까지 미워하지 아니하면 능히 나의 제자가 되지 못하고 누구든지 자기 십자가를 지고 나를 좇지 않는 자도 능히 나의 제자가 되지 못하리라」고 말씀하셨다. 예수님은 자기 부정 뿐만 아니라 어느 것이든 말과 행동의 일치를 볼 수 있다. 빌립보서 2장 6~8절에 「그는 근본 하나님의 본체시나 하나님과 동등됨을 취할 것으로 여기시지 아니하시고 오히려 자기를 비어 종의 형체를 가져 사람들과 같이 되었고 사람의 모양으로 나타나셨으며 자기를 낮추시고 죽기까지 복종하셨으니 곧 십자가에 죽으심이라」고 그리스도의 자기부정의 극치가 기록되어 있다.

사도행전 1장 1절 「예수의 행하시며 가르치시기를 시작하심부터…」라고 기록된 말씀과 같이 주님은 처음 시작부터 행하시며 가르치셨다.

그러기에 기독교는 능동적이고도 적극적이라고 말할 수 있다. 기독교는 하나님의 살아있는 말씀에 언행일치를 기록하고 있다. 초대교회부터 오늘에 이르기까지 예수님을 따라 자기를 부정하고 핍박에 의연하며 순교의 자리에까지 설 수 있었던 것은 바로 이 살아있는 말씀의 가르침 때문이었다.

불교에서는 석가의 가르침을 대수롭게 여기고 선불교(禪佛敎)에서는 팔만대장경을 휴지처럼 취급하라고 한다. 그런 이유에서인지 불교의 승려들은 말과 행동이 일치되지 않은 점이 많다.

디모데후서 3장 16절 「모든 성경은 하나님의 감동으로 된 것으로 교훈과 책망과 바르게 함과 의로 교육하기에 유익하니」라고 기록되어 있다. 기독교의 성경은 하나님의 감동으로 된 것이기 때문에 그 말씀이 살아서 움직인다. 불경처럼 휴지가 아니다.

석가의 무념(無念), 무아(無我)의 무(無)는 말뿐이지 행동이 없었다. 예수님은 자기부정으로써 십자가상에서 죽으심으로 인간의 죄를 대속하는 구세주로서 행동을 보여주셨다.

불교의 교주인 석가모니는 그 당시 왕국들이 시주한 막대한 돈으로 여름에는 시원한 죽림정사(竹林精寺)에서 겨울에는 따뜻한 기원사에서 편안히 잘 지냈으나, 기독교의 예수님은 빈들이나 광야 등 일정한 거처가 없었고, 금식기도가 다반사였으며, 마지막 십자가상에서는 통옷 한벌까지도 주고 가셨다.

이렇게 예수님은 철저하게 자기를 부정함으로써 오직 하나님의 영광만 위해 사셨다.

오늘 크리스챤이 사회 일각에서 지탄을 받는 것은 말과 행동이 일치하지 않기 때문이다. 예수님의 자기 부정의 위대한 교훈이 암흑속의 인류의 생명을 살리는 한줄기 빛이 되어 우리 가슴에 스며든다.

大技巧와 지혜의 根源

「저 샛별이 바다에 몸을 씻고 그 숭고한 얼굴을 하늘에 쳐들어 밤안개를 거둘 때 비너스는 유독 이 별을 사랑하노니」
—베르질리우스.

1. 대기교(大技巧)는 졸렬하다.

크게 완성된 것은 한쪽이 이지러진 것 같다. 그러나 그것을 아무리 사용하여도 다함이 없다. 아주 가득 차있는 것은 텅빈 것 같지만 다함이 없고, 매우 곧은 것은 굽은 것같다. 훌륭한 웅변은 더듬는 듯하고, 냉정한 것은 조급한 것을 이긴다. 찬 것은 더운 것을 이긴다.

그러므로 깨끗함과 고요함은 천하의 바른 규범이 된다. 노자(老子)는 도(道)에 관하여 「이것은 본래 무한정자(無限定者)이므로 언어와 문자로 표현할 수 없지만 억지로 표현하면 크다(大)말할 수 있다」고 한다.

도(道)는 우주 어느 곳에나 가득 차 있다. 또 크나 적으나 어떤 사물이든지 다 그 안에 담아 넣을 수 있다. 「크게 차 있는 것은 비어 있는 것 같다」고 한다.

웅변가와 변호사 및 논리학자는 말을 잘하지만 무언(無言)의 교육만 하는 성인의 말은 다만 절박하고 신실성만이 있으므로 비논리적이고 비수식적이다.
 그러므로 「큰 언변은 말을 더듬는 듯 하다」고 한다. 그러나 결국에는 고요한 태도로 도를 지키고 있는 사람은, 이기기에만 분주하여 조급스레 떠드는 사람을 이긴다.
 찬 기온은 더운 온기를 추위는 더운 기운을 발사하는 기(氣)를 이기고 만다. 그러므로 언제든지 깨끗하고(淸淨) 고요한 자세를 갖추고 있는 사람은 천하의 공정한 모범이 된다.
 － 老子의 도덕경에서

2. 인간의 지혜와 하나님의 미련

 하나님의 말씀을 비추어 볼 때 지혜의 근원이 하나님 자신이시다.
 고린도전서 1장 18～19절에 「십자가의 도가 멸망하는 자들에게는 미련한 것이요, 구원을 얻는 우리에게는 하나님의 능력이라 기록된바 내가 지혜있는 자들의 지혜를 멸하고 총명한 자들의 총명을 폐하리라」하였고 고린도전서 1장 25절에 「하나님의 미련한 것이 사람보다 지혜있고 하나님의 약한 것이 사람보다 강하니라」고 했다.
 인간의 지혜와 하나님의 미련에 대하여 위의 말씀으로써 생각해 보자. 노자나 불교 등에서 인간의 이성 내지 직관을 통하여 자연현상으로 근본진리에 접근하려 하였다.
 다시 말하면 인간의 감각기관을 통하여 물질의 변화 현상을 관찰함으로써 최고의 진리에 도달하려고 시도한 것이 인간의 지혜이다. 구약의 바벨탑 사건이 바로 그러한 것이다.
 기독교는 하나님의 절대주권 하에 이루어지는 예수 그리스도의 십자가 사건으로 인류의 영혼구원을 그 근본진리로 하고 있다. 그러나 다른 종교는 감각기관과 인간의 이성을 주로 동원하기 때문에 철학과 학문의 범위를 벗어날 수가 없다. 노자나 불교는 계시가 없다. 근자에 잘못된 신학자들 가운데 몇몇은 불교도 계시가 있는 것같이 생각하고 있는데 순수한 선불교(禪佛敎)는 계시가 없다. 기독교는 계시로부터 시작하여 계시로 끝난다. 성령의 조명없이는 성경이 우리 가슴에, 아니 영혼의 심층에 와 닿지 않는다.

  십자가의 도가 인간의 감각적인 이성을 통해 볼 때 미련한 것 중의 미련한 것으로 보일지 모르지만 하나님의 그 놀라운 구속의 은혜의 역사를 성령의 뜨거운 계시의 조명으로 바라볼 때 하나님의 크신 능력이 되는 것이다.

  인간이 아무리 지혜를 짜내어도 하나님의 미련을 따라 갈 수가 없다.

  노자(老子)의 알쏭달쏭한 대기교(大技巧)는 졸렬하다는 것은 미련한 것과 지혜자의 뒤범벅된 것과는 우리 기독교의 교훈은 엄청난 차이가 있다는 의미이다. 구속받은 자에게 엄청난 능력이 되는 예수 그리스도의 십자가 사건을 묵상하면서 진정 바른 지혜를 찾아가는 겸손한 크리스챤이 되어 불신앙의 이웃에게 빛과 소금으로 보여 주어야 하리라.

삼천배와 일천번제

사람들은 누구나 기도한다. 신앙이 있든 불신앙이든 그 대상이 구체적이든 비구체적인 것에 관계하지 않고 기도한다.
인간이 가장 약하다고 느껴질 때 강력한 욕구로써 진지하게 기도한다. 불교의 관세음보살에 대한 기도와 솔로몬의 여호와께 드린 번제를 살펴보자.

1. 無着의 三千拜

중국의 선승 무착은 입으로만 「나무관세음보살」하고 염불한 것이 아니라 중국 산서성 오대현에 있는 청량산에 올라 관세음보살을 직접 만나보리라는 소망에서 청량산을 찾아 갔었다고 한다.
무착은 청량산 입구에 있는 청량사에 들러 하룻밤 쉬기로 하였다. 마침 동지날이 되어 절에서는 큰 가마솥에 팥죽을 끓이고 있었다.
솥에 팥죽이 타지 않도록 주걱을 들고 휘젓던 젊은 행자는 죽이 끓으면서 솟구쳐 오르는 거품을 치면서 『이놈 석가야 네 놈이 세상을 혼미하고 어지럽게 하는구나. 천석가, 만석가라도 쳐부수어야 되겠다』하면서 주걱을 휘두르고 있었다.
이 광경을 본 무착은 개운찮은 마음으로 그 이튿날 청량산으로 올라가는데 관세음보살을 만나야 겠다는 간절한 소망으로 한 걸음씩

걸을 때마다 이마가 땅에 부딪히도록 절을 하며 염불을 하면서 산속으로 깊이 들어 갔다.

　무착은 삼천배를 하면서 염불도 하고 고개를 들어 쳐다보니 바위 위에 동자가 앉아 피리를 불고 있는 것이다.

　그 동자는 피리 불기를 멈추고 『어떻게 이 산에 들어 왔는고?』 『관세음보살을 직접 만나고 싶어서 왔다. 관세음보살이 있는 곳을 알거든 일러다오』하고 부탁하니 그 동자의 대답은 『수전파후』(水前波後 : 앞에는 물이요 뒤에는 파도, 즉 팥죽솥의 주걱으로 치는 거품처럼 관세음보살이 있는 곳은 없다는 뜻과 관세음 그 자체가 허무하다는 뜻)했다.

　무착은 다시 물었다. 『관세음보살이 있는 절의 중들은 몇 사람이나 되는가?』

　『전삼삼 후삼삼』(삼삼은 일정한 수량이 아니고 전과 후는 피차 같으니 아무 것도 아니라는 뜻). 무착은 이마를 땅에 쳐박으면서 피맺히게 삼천배나 했건만 고작 그 대답은 싱겁고 허탈감만 안겨주는 것이었다.

2. 솔로몬의 일천번제

　왕상 3장 3~4절「솔로몬이 여호와를 사랑하고 그 부친 다윗의 법도를 행하되 오히려 산당에서 제사하며 분향하더라. 이에 왕이 제사하러 기브온으로 가니 거기는 산당이 큼이라 솔로몬이 그 단에 일천번제를 드렸더니」

　솔로몬은 왕이 되었어도 겸손하게 하나님을 간절히 사랑하여 진심으로 일천번제를 드렸다.

　그 결과 여호와께서 꿈에 나타나사 「내가 네게 무엇을 줄꼬 너는 구하라」(왕상 3 : 5)고 하였다. 능력의 하나님이 진실하게 응답하시는 것을 볼 수 있다.

솔로몬은 백성을 재판하고 다스릴 지혜를 구했고 하나님께선 지혜뿐아니라 부귀도 주셨다. 그후 솔로몬은 하나님께서 주신 지혜로 지혜로운 재판을 하였고 나라는 부강해 졌으며, 성전도 건축하는 영광을 누렸다.

무착처럼 고행은 하였건만 허무로 끝나는 관세음보살에 대한 기도와는 비교도 되지 않는다.

지금 이땅엔 아직도 불교신자 1천 6백만이 있다. 우리 크리스챤들은 저 불쌍한 영혼들에게 복음을 전하므로 함께 복된 삶을 누리자.

필자도 한때 무착처럼「관세음보살」염불하던 어둠에서 깨어나 이 아침 새벽제단을 쌓으며 솔로몬의 일천번제를 생각하면서 다시금 지옥에서 구출해 주신 하나님의 그 크신 사랑에 기쁨이 샘솟는 감사의 기도를 드린다.

봄을 맞는 인생

솔로몬의 아가서 2장에는 인생의 봄과 사랑을 노래하고 있고, 사명대사는 그의 각몽가(覺夢歌)에서 그것을 노래하고 있다. 언뜻 보면 그 내용이 매우 비슷해 보이나 깊이 음미해보면 상당한 거리를 발견할 수 있다.

1. 불교에서 봄과 인생을 어떻게 보는가?

금강경 끝부분에 『일체 유위법(有爲法 - 인간적 타산을 따지는 법)과 무위법(無爲法 - 약삭바른 계산을 초월한 법)이 꿈과 환상과 물거품과 그림자 같으며 이슬과 같고 또한 번개같으니 응당 이와같은 것을 마음의 눈으로 보라』고 말하고 있다.

불교는 만물이 약동하는 희망찬 봄도 한갓 허무주의로써 환각 작용으로 보고마는 것이다. 그야말로 절망뿐이며 소망이 없다.

2. 기독교는 봄과 인생을 어떻게 보는가?

베드로전서 1장 24절에 보면 모든 인간은 풀과 같고 그 영광은 풀의 꽃과 같아서 그 풀은 마르고 꽃은 떨어지나 주의 말씀은 영원히 존재한다고 기록되어 있다. 그리고 그 말씀이 「기쁜 소식」이라고 말하고 있다.

　기독교에서는 불교처럼 허무주의로 끝나는 것이 아니라 인생의 본질이 흙으로 지음 받았기 때문에 풀과 같고 꽃과 같다고 하나 영원히 변치않는 하나님의 말씀의 소망이 있다고 힘있게 말씀하신다.

　정말 인간은 그 존재가 물거품같고 한송이 시들어 버리는 꽃과 같이 가치없는 존재일까? 불교에서 말하는 것처럼 허무로 끝난다면 살아야할 아무런 이유가 없지 않는가?

　종교란 고달픈 인생의 마지막 가는 정화조가 되어야 한다고 생각한다. 인생의 갖가지 죄악과 절망에서 참 소망의 가르침이야말로 종교의 존재가치가 있는 것이다.

　인간을 오히려 좌절과 절망의 수렁에서 허우적거리게 하는 허무주의, 즉 현실도피자들은 정신적 쾌락주의자들이다.

　우리 인간은 현실의 문제 속에 태어났고 지금 살아가고 있고, 또 그 생을 마치는 것이다. 그러므로 현실문제로부터 아무리 도피하려고 해도 결코 그것이 가능하지 않다.

　불교의 허무주의는 어떤 면에서 인간을 잔학한 가혹한 행동을 하게 한다. 불교의 가르침 중에「두개의 나무를 서로 문지르면 불꽃이 나온다. 사람의 몸도 고행(苦行)으로 진리에 접근할 수 있다」고 하여 육체적 학대를 요구하고 있기 때문이다.

　새 생명이 약동하는 봄을 보고, 그 봄을 음미하면서 인생을 생각할 줄 모르는 절망적인 허무주의는 오늘날 체념적인 개성없는 인간을 만들었다.

　이땅에서 1천 6백년이란 불교의 역사와 전통은 각종 권위주의와 독재정권이 기생할 수 있는 토양을 제공해 왔다.

　우리 크리스챤은 예수님 자신이 보여준, 한알의 밀알이 되어 십자가상에서 죽으시고 부활하심으로써 영생하는 생명의 길을 보여주신 위대한 역사를 가졌기에 어두움에서도 새 소망을 갖게 된다.

인간은 풀과 같은 나약한 존재이지만 크리스챤들은 성령의 도우심으로 소망이신 예수님을 바라볼 때 은혜의 단비가 우리의 마음밑에 떨어져 좌절과 절망, 그리고 어떠한 고난도 물리치면서 파아란 새싹처럼 믿음도 자라갈 것이다.

석가모니와 예수의 시험

 사람이 한평생을 살아 가다보면 여러 시험과 도전을 받기 마련이고 그것을 통해 발전을 해왔다고 본다. 이번에는 석가모니와 예수님이 당한 시험과 그것을 물리친 과정을 비교해 보자.

 1. 석가모니가 당한 시험

 붓다가야에 이르른 석가는 그 가운데 있는 핌필라(보리수)라는 나무 아래 네모 반듯한 바위에 앉아 「나는 이 자리에서 일체지(一切智)를 얻지 못하면 다시 일어나지 않겠다」는 최후 다짐을 했다.
 이때 마왕은 인간 석가가 장차 모든 장애물을 정복하고 정각(正覺)을 성취해 붓다(부처)가 될 것임을 알고 있었다. 그래서 그는 요염한 미녀 셋을 석가에게 보내 유혹케 했다. 그러나 그는 끝내 흔들리지 않았다.
 석가모니는 태어나고(生), 죽음(死)의 근본 원인이 애욕마(愛慾魔)라는 것을 알고 그것을 정복하고 이겼다고 한다.

 2. 예수님이 당한 시험

 하나님의 아들 예수님은 인간의 죄를 대속하기 위해 이 땅에 오셨다. 공생애의 시작으로 세례를 받으시고 성령에 이끌려 광야에 가서 마귀에게 시험을 당하게 되셨다.

　이에 마귀는 40일동안 금식하여 몹시 시장한 예수님에게 다가와 『네가 하나님의 아들이라면 이 돌을 빵이 되게 하라』고 말했다. 그러나 예수님은 마귀에게 『사람은 빵으로만 살것이 아니라 하나님의 모든 말씀으로 살아야 한다』고 대답했다. 예수님은 마귀의 시험을 권세있는 하나님의 말씀 신명기 8장 3절에 의거해 이기셨다.

　여기서 우리는 불교의 석가모니와 기독교의 예수님은 인간의 근본적인 문제에 대해 엄청난 견해차이를 갖고 있음을 알 수 있다.

　사람의 일차적인 욕구는 무엇인가? 먹는 문제가 우선인가 아니면 섹스를 즐기는 것이 그러한가? 이것을 논할려면 석가와 예수님의 생활환경을 먼저 생각해 보아야 한다. 석가는 왕자로서 궁중에서 아름다운 띠녀들과 즐기는 삶이었다. 여름에는 시원한 별궁에서, 겨울에는 따뜻한 곳에서 아름다운 부인과 궁녀들을 거느리고 즐겼다. 이에 비해 예수님은 성령님의 인도하심에 따라 가난한 목수의 아들로 태어나서 생활의 어려움을 많이 겪으셨다.

　석가는 인도의 붓다가야의 보리수 나무 아래 서늘한 환경에서 도를 닦았다. 그러나 예수님은 나무 한그루 없는 광야에서 낮에는 뜨거운 태양이 작열하고, 밤에는 춥고 삭막한 광야에서 40일을 금식하면서 시험을 당했다.

　또 석가는 불도를 수행할 때 여러명의 시종들이 옆에서 지켜보면서 도왔으나 예수님은 아무의 도움도 없이 거치른 광야에서 외롭게 모든 것을 견디어 내었다.

　그야말로 복음을 전파함으로 이 땅에 하나님의 나라를 건설하려는 예수님의 신념은 어떠한 악조건 속에서도 마귀의 시험을 이겨내게 되었다. 지금도 이 지구상의 가난한 나라에서는 「빵」문제로 인해 하루에도 수많은 사람들이 굶어 죽어가고 있다. 그와 반대로 물질이 풍족한 나라에는 오락, 섹스, 마약 등이 인간의 정신을 죽어가게 만들고 있다.

　예수님이 시험을 이기신 것은 하나님의 말씀 즉 영혼의 양식으로서 모든 시험을 이겨냈음을 교훈하고 있다.

　우리 믿는 성도들은 예수님을 따라가는 군사들로서 말씀으로 모든 시험을 이겨내신 예수님의 본을 받아 이 광야같은 험한 세상을 말씀으로 무장하여 승리의 삶을 살기 바라는 마음 간절하다.

진리와 자유에 대하여

　인간은 진리와 자유에 의하여 끊임없이 싸워왔고 역사 이래 그 슬로건 밑에 수많은 철학과 종교와 학문이 제창되어 왔다. 그러나 진정한 의미의 진리와 자유는 신기루와도 같이 잡을 수도, 누릴 수도 없는 허구의 낱말이 되어가고 있다.

1. 莊子의 消遙遊

　「장자」의 첫머리에 「소요유」란 말이 나온다. 이것은 속된 세상으로부터 아무것도 걸림이 없는 완전히 자유로운 인간의 심성을 표현하는 말이다.

　우주의 중심을 태양으로 보고, 아침 동편 하늘에 떠올라 유유히 창공을 걸어 서편 하늘에 이르는 태양의 웅장한 모습과 유유자적(悠悠自適)하는 초연함을 감탄하여 장자는「소요유」라 했다.

　장자는 그저 자연을 사랑했다. 자연속에 자유가 있기 때문이다. 들에 사는 꿩은 열걸음쯤 가야 겨우 한알의 곡식을 쪼을 수 있고, 백걸음을 가야 물 한방울을 얻을 수 있는 경우가 많다고 해도, 어디 새장 속의 꿩과 비길건가. 먹고 마실게 넉넉한 새장속의 꿩에게는 자유가 없고 또 그 즐거움도 모른다. 장자는 육체적 자유보다 정신적 자유를 소유한 사람이었다.

2. 기독교의 진리와 자유

아무것도 가진 것 없는 예수께서 갈릴리지방이나 광야에서 천국복음를 전하시는 사역에서 우리는 참 자유를 느낄 수 있다.「진리를 알찌니 진리가 너희를 자유케 하리라」(요 8 : 32)고 하신 예수 그리스도의 십자가를 통한 구속사건이야말로 인간을 죄로부터 해방시킨 참 자유에의 진리이다.

「내가 곧 길이요 진리요 생명이니 나로 말미암지 않고는 아버지께로 올 자가 없느니라」(요 14 : 6)고 예수님은 자신이 진리임을 자신있게 선포하신다.

물질의 탐욕과 권력에 집착하여 눈이 어두워진 기회주의자 빌라도는「진리가 무엇이냐…」(요 18 : 38)하며 자기 눈앞에 진리의 본체이며 참 자유를 주시는 예수님을 대하면서도 우매한 질문을 하고 있다. 이 모습이 바로 미련한 인간의 모습이다.

오늘날 장자(莊子)의 소요유(消遙遊)보다 더 위대한 참 자유 공급의 근원되시는 예수 그리스도가 풍요로움을 자랑하는 현대문명에 자꾸만 밀려나 서야 할 자리가 좁아지고 있다고 생각된다.

이제 곧 우리 주님의 고난주간이 다가 오는데 문명의 이기와 풍요속에 빠진 오늘의 크리스챤들이 과연 온갖 고초 당하시며 십자가 지고 갈보리 언덕을 오르시는 주님의 고난이 마음에 와 닿을 수 있을까?

그 옛날 가난하던 시절, 농촌에「보리고개」의 극심한 가난과 굶주림이 있을 때, 아스팔트길 아닌 오솔길 걸어 조그만 예배당에 가서 주님의 고난을 생각하며 기도하던 믿음의 선배들의 모습이 머리에 떠오른다. 오늘의 풍요로움 보다 보릿고개 시절의 가난이 오히려 부러워짐은 왜일까?

「배부른 돼지가 되지 말고 배고픈 소크라테스가 되라」는 말이 있듯이, 고난주간을 맞으며 십자가 사건을 통한 진리와 자유의 의미를 새삼 새겨 보라.
 풍요로운 식탁과 최류탄도 동시에 먹고 마셔야할 오염된 오늘의 삶이지만 춘궁(春窮)의 어려움 속에서 허기진 배를 움켜쥐고 맑은 시냇가의 물을 움켜 마시던 옛날을 생각하며 그 시냇물 같이 맑은 주님의 말씀을 움켜 마셔보자.

진심이 있는 곳

현대인들은 「마음」과 「양심」이란 말을 자기처세의 합리화를 위한 도구로 즐겨 사용하곤 한다. 그러나 그 「마음」의 실체를 과연 정확하게 판단하고 있을까?

우리나라 고승(高僧)으로 널리 알려져 있고 조계종의 창시자이기도 한 보조국사 지눌의 말과 성경말씀에서 이 「진심」을 생각해 보자.

1. 佛敎의 眞心所在

지눌은 온갖 번뇌와 망상이 없어지면 진심이 드러난다고 했다. 그러면 진심의 본체와 그 작용은 어디에 있는 것인가?

이 질문을 서양철학에서는 이른바 형이상학(形而上學)의 문제로 취급하고, 존재론(存在論)이라고 한다.

지눌(知訥)은 진심의 묘한 형체는 두루 어느 것에나 있다고 말한다. 시공(時空)에 구애됨이 없이 존재한다는 것이다. 영가는 말하기를 어디를 가든지 우리가 가는 곳 어디든지 그곳에 충만되어 있지만 별달리 어디엔가 특정한 곳에 있을 것이라고 생각하여 자꾸 찾아다닌다면 마침내 알 수 없게 된다고 말한다. 참된 의미의 신심(信心)은 주객(나와 그것)이 나누어진 상태에서 외쳐 부른다고 생겨나는 것이 아니라 찾는다는 생각없이 저절로 그 속에 안주(安住)해야만 진심의 소재를 알 수 있게 된다.

2. 기독교에서 진심이 있는 곳

기독교는 「마음」에 대하여 상당히 많은 것을 말하고 있다. 「무릇 지킬만한 것보다 더욱 네 마음을 지키라. 생명의 근원이 이에서 남이니라」(잠 4 : 23)고 말하고 있다. 마음을 생명의 근원이라고 했다.

「예수께서 가라사대 네 마음을 다하고 뜻을 다하여 주 너의 하나님을 사랑하라」(마 22 : 37)고 기록하고 있다.

또한 예레미야 12장에서는 하나님께서는 우리 인간의 마음을 감찰하신다고 말씀하고 계신다.

우리 죄많은 인간이 회개하고 깨끗한 마음이 되었을 때 성령께서는 마음속에 있으면서 우리에게 평강을 주신다.

불교의 지눌은 「주객관이 초월한 상태」를 신앙이라 했는데, 기독교는 「내가 예수 안에, 예수가 내 안에 들어와 계실 때」가 바로 신앙의 상태이다.

고려말엽 개경에는 많은 절간과 불교행사가 그치지 않았으나 불교가 서민대중의 아픔을 외면하고 권문세도가들에 빌붙어 나라가 패망하고 말았다. 종교가 타락하면 나라가 망하게 된다는 것이다.

우리도 생각해 보자.

한국의 기독교가 백세를 넘었고, 이른바 「예수 공장」이라는 말을 들어 가며 교회들은 요란하게 돌아가고 있는데 그 생산품인 크리스챤들은 과연 양질(良質)이라고 자신할 수 있는가.

우리는 「주여! 주여!」는 잘 외치고, 교회마다 복음성가가 넘쳐나고 있지만 진실로 「나」와 「예수」가 어떤 관계를 갖고 신앙생활을 하고 있는가? 「포도나무와 가지」가 아닌 동떨어진 악세사리로 크리스챤이란 단어를 붙이고 다니고 있지 않은지.

「내가 그리스도와 함께 십자가에 못박혔나니 그런즉 이제는 내가 산 것이 아니요 오직 내 안에 그리스도께서 사신 것이라. 이제 내가 육체 가운데 사는 것은 나를 사랑하신 나를 위하여 자기 몸을 버리신 하나님의 아들을 믿는 믿음 안에서 사는 것이라」(갈 2 : 20)고 성경은 기록하고 있다.

내가 가진 육체와 정신마저도 예수와 함께 십자가에 못박고 부활하신 주님을 내 가슴속에 영접하고 나 또한 주님의 넓은 품에 안길 때 은혜의 상태에서 신앙의 세계에 들어가는 것이라고 생각한다.

여인과 불(火)

―그들은 욕정에 사로 잡혀 그 몸에 짐짓 고통을 주고 이빨로 입술을 깨물어 흔적을 남기기가 일쑤이다. 그 대상이 무엇이건 이에 상처를 입히려는 은밀한 충동에서 광폭한 짓을 한다.― 루크레티우스

현숙하지 못한 여인과 정욕에 대하여 불교와 기독교의 교훈을 비교해 보자.

1. 석가가 말하는 욕정

어느 때 석가가 많은 제자를 거느리고 기원사(寺)를 떠나 코오살라(인도 옛 도시 중의 하나)로 순회하는 도중 쌓아놓은 나무더미에 불이 붙어 맹렬히 타오르는 것을 바라보고 길옆 나무그늘에 앉아 비구(얻어먹는 수행자)들을 불렀다. 『비구들, 너희는 저 타오르는 불을 어떻게 생각하느냐? 저 불길을 안는 것과 크샤트리아(왕족)의 색시나 브라만의 소녀의 몸을 안는 것이 어떤 것이 더 낫겠느냐?』

『석가 선생이여, 그것은 물론 소녀의 몸을 안는 것이 훨씬 나을 것입니다. 저 타오르는 불길을 안는다는 것은 얼마나 괴로운 일이겠습니까?』

『비구니들이여, 나는 너희들에게 말하겠다. 계(戒)를 파하고, 법(法)을 범하고, 그 죄과로 덮어싸고 사마나(수행승)가 아니면서 깨끗한 수도자인체 하는 그 마음은 썩고 욕심이 넘쳐 흘러서 수행인의 가치가 없는 자로 차라리 저 타오르는 불꽃을 안는 것이 더 나으리라. 왜냐하면 앞의 경우는 죽든지 죽을뻔 하는 고통을 받을지언정 지옥에 떨어지는 원인은 되지 않을 것이고 뒤의 경우는 지옥의 괴로움을 받는 원인이 되기 때문이다』

불교에서는 여자의 정욕과 지옥의 고통을 같이 취급하고 있다.

2. 기독교에서의 교훈

십계명에 「간음하지 말라」고 엄격히 가르친다.

잠언 6장 25~28절에 「네 마음에 그 아름다운 색을 탐하지 말며 그 눈꺼풀에 홀리지 말라. 음녀로 인하여 사람이 한조각 떡만 남게 됨이며 음란한 계집은 귀한 생명을 사냥함이니라, 사람이 불을 품에 품고야 어찌 그 옷이 타지 아니하겠으며 사람이 숯불을 밟고야 어찌 그발이 데지 아니하겠느냐」고 말씀하신다.

음탕한 여인을 품에 안은 것은 불덩이를 안고 있는 것과 같은데 그 불덩이는 우리의 영혼을 사냥한다고 말하고 있다.

고린도전서 7장 8~9절에 「내가 혼인하지 아니한 자들과 및 과부들에게 이르노니 나와같이 그냥 지내는 것이 좋으니라. 만일 절제할 수 없거든 혼인하라. 정욕이 불같이 타는 것보다 혼인하는 것이 나으니라」고 기록되어 있다.

전에는 학문을 위하여, 종교적 헌신을 위하여, 독신으로 지낸 분들이 많다. 그들은 인류문화에 이바지한 공이 자못 크다. 그러나 오늘에는 많은 사람들이 즐기기 위한 목적으로 독신생활을 하는 경우가 많다고 하니 자못 인류의 장래가 염려스럽다. 물론 그 가운데

혼기(婚期)를 놓쳐서 불가피하게 독신이 된 사람도 있으나 대부분 현대가 낳은 이기병(利己病)에 걸려 자기 주변의 거추장스런 존재를 무시한 채 자신만을 위하여 독신생활을 즐긴다면 이것이야말로 AIDS보다 더 무서운 현상이 아니겠는가.
 물질의 풍요와 함께 번지고 있는 음란의 불길이 우리 교회안에도 번질까 염려스럽다.

손으로 표현하는 글씨

사람은 입으로만 말하는 것이 아니라 몸으로도 하며(Body Language) 이것 없이 이루어지는 언어가 있어야 비로소 말의 대화가 이루어 질 수 있다.

하이데거는 현존재(現存在-나)가 있는 한 그것은 이미 「이야기-Rede」라고 한다.

1. 佛敎의 구지 수지

선승 구지는 사람이 찾아와서 선의 깊은 뜻이나 불법의 묘한 진리를 물었을 때, 오직 손가락 하나를 들어 보이며 그 모든 질문에 답했다. 어느날 구지가 없는 사이에 어떤 자가 찾아와 구지가 어떤 설법을 하는지 구지의 한 동자(童子)에게 물었다. 그 동자는 구지의 흉내를 내어 손가락 하나를 들어 보였다.

그후 그 소식을 들은 구지는 동자를 불러 자초지종을 다 듣고 동자가 손가락 하나를 들었을 때 예리한 칼로 그 손가락을 잘라 버렸다. 그 동자는 고통으로 울부짖으며 달아나다 구지의 부름에 뒤돌아 보았다. 그때 구지가 손가락을 들어보였다. 무아 지경에서 그 동자는 깨달음이 있었다고 한다. 구지의 손가락은 몸전체의 이야기이고 동자의 손가락은 흉내였다. 도(道)의 실체와 흉내는 많은 차이가 있다는 것이다.

2. 예수님의 손가락으로 쓴 글씨

예수님께서 간음한 여자 앞에서 몸으로 말씀하시는 장면을 우리는 성경을 통해 읽고 있다.

예수님께서는 앉으시어 군중에게 가르치기 시작하셨다. 그때 율법사들과 바리새인들이 간음하다 붙잡힌 여인 하나를 데리고 와서 모세의 율법에 간음한 여인은 돌로 쳐죽이라 했는데 「선생은 뭐라고 하시겠는가」고 물으며 예수를 고발할 구실을 찾으려 시험했다.

그때 예수께서 하신 몸의 언어가 성경 요한복음 8장 6~9절에 기록되어 있다.

「너희 중에 죄 없는 자가 먼저 돌로 치라 하시고 다시 몸을 굽히사 손가락으로 땅에 쓰시니 저희가 이 말씀을 듣고 양심의 가책을 받아 어른으로 시작하여 젊은이까지 하나씩 하나씩 나가고 오직 예수와 그 가운데 선 여자만 남았더라」고 기록되어 있다.

이 두 사건에서의 유사점은 첫째, 예수님이나 구지나 지적(知的)으로 해결할 수 없는 어려운 문제가 제기된 것이다. 둘째, 양쪽 다 침묵으로 응답하고 있다. 셋째, 양쪽 다 매우 간결하고 쉬운 말로 응답하면서도 상대로 하여금 자기성찰을 하도록 이끌고 있다. 넷째, 모두 벌한다든가 말하지 아니 한다든가 하는 이원상대적 견해를 초월하여 그 처벌이나 비처벌이 지양된 높은 차원의 경지에 있다.

그러나 우리가 여기서 생각해 보아야 할 것은 불교의 깨달음은 고통과 고행을 수반하며 불완전한 인간의 미숙한 자아발견에 그치고 그것도 진정한 인간고통의 해결점이 되지 못한다. 기독교의 예수님은 두려움과 불안 초조, 죄의 고통속에 떨고 있는 연약한 여인에게 참 평안과 사죄의 은총의 기쁨을 주셨다. 따스한 봄볕이 비춰는 우리 마음 땅에 예수께서 침묵하시면서 지금도 손가락으로 글씨를 쓰고 계신다.

「나도 너를 정죄하지 아니하노니 가서 다시는 죄를 범하지 말라」는 음성을 듣는 우리 모두는 하늘 향해 기쁨의 함성을 외칠 수 있다.

가정에 대한 교훈

인간을 사회적 동물이라 하기 보다는 가정적 동물이라고 표현하는 것이 더 적절하지 않을까 생각된다.

기독교·유교·불교가 말하는 가정에 대한 교훈을 보자.

1.「父母生績章」

유교의 효경(孝經)중 부모생적장(부모에 대한 효를 하나 하나 쌓아가야 한다)의 한 부분을 살펴보자.

공자는 부모의 자식에 대한 사랑, 자식의 어버이에 대한 정 이것은 가르쳐 주지 않아도 하늘에서 내려주는 자연의 마음이라고 했다. 아무리 극악무도한 인간일지라도 어버이와 자식간의 정리에는 눈물을 흘리는 것이다. 도(道)는 본능적으로 감득(感得)하는 것이다.

인간이 가끔 부모에 대하여 불효를 하는 것은 중도에 불순한 욕망이 천수(天受)의 마음을 흐리게 하기 때문이고 그 욕망을 불식하면서 역시 하늘에서 받은 효도로 다시 돌아가는 것은 물론이다.

공자는 부자지도(父子之道)는 타고난 천성이라고 단정한다. 그러나 석가모니는 부모은중경(父母恩重經)에서 태어날 때부터 효자될 아이와 불효자될 아이가 정해져 있는 것이라고 말했다.

레윈에 의하면 사람의 행동은 주위환경과 인간성의 함수관계로 나타난다고 한다. 효도하는 것은 태어날 때부터 정해져 있는 것이 아니라 자라나는 환경에 따라 그 인격이 형성되는 것이다.

2. 기독교 孝사상

　기독교는 부모와 자식의 관계뿐 아니라 효도에 대하여 적극적이다. 불교는 그 많은 계율중「부모를 공경하라」는 말이 없다. 다만 위에서 말한 바와같이 부모의 은혜를 중하게 여기라는 은중경은 황당무계한 전설같은 이야기를 늘어놓고 있다. 그러나 십계명의 제 5계명은「네 부모를 공경하라. 그리하면 네 하나님 여호와가 네게 준 땅에서 네 생명이 길리라」로 끝났지만 제 5계명은「하라」는 적극적 명령으로 부모공경을 강조하셨다고 생각한다.
　또 에베소서 6장 1절~4절에「자녀들아 너희 부모를 주 안에서 순종하라 이것이 옳으니라. 네 아버지와 어머니를 공경하라. 이것이 약속있는 첫 계명이니 이는 네가 잘되고 땅에서 장수하리라. 또 아비들아 자녀를 노엽게 하지 말고 오직 주의 교양과 훈계로 양육하라」고 기록하고 있다.
　기독교의 가르침은 부모와 자식간의 관계가 단순히 혈연적 관계가 아니라 예수 안에서 먼저 영적 관계로 이루어져야 함을 엄중히 교훈하고 있다. 유교의 입장처럼 그냥 부모를 공경하는 것이 아니라 주님과의 관계안에서 그 교훈을 좇아 부모를 공경하라고 하신다.
　부모된 자들도 자식을 하나의 종속물로 믿지 말고 하나님께서 인격적으로 창조한 피조물이며 하나님의 형상대로 지음받았기 때문에 혈연적 본능적으로 자녀를 사랑하지 말고 주님의 교훈에 따라 양육하고 사랑하라는 것이다.
　요한복음 19장 25절 이하에「예수의 십자가 곁에는 그 모친과 이모와 글로바의 아내 마리아와 막달라 마리아가 섰는지라. 예수께서 그 모친과 사랑하는 제자가 곁에 섰는 것을 보시고 그 모친께 말씀하시되 여자여 보소서 아들이니이다 하시고」라 기록되어 있다. 예수님 십자가 구속역사 안에서 아들과 부모관계가 정립된다는 것을 가르치고 있다.

　기독교의 가족윤리는 영원히 변치 않으시는 하나님 사랑안에서 이루어지므로 위대한 교훈이다.

見性과 소금비유

존재하는 사물의 본체를 통하여 진리에 접근하려는 인간의 노력은 동서양에 다 있어왔다.

희랍 아리스토텔레스의 신은 모든 사물을 다 움직이면서도 자기 자신은 움직이지 않는다고 한다. 수레바퀴의 중심은 움직이지 않고 바퀴만 움직이는 것처럼.

1. 佛教의 見性

인도의 달마가 중국에 가서 선(禪) 불교를 퍼뜨릴 때「부처되는 것은 별개 아니다」고 했다.

그는 교외별전(教外別傳-석가모니의 설법인 팔만대장경 외에 별도로 전하는 것이 있다.), 불립문자(不立文字-문자가 필요없다. 불경이 필요없다.), 직지인심(直指人心-바로 사람의 마음을 알라), 견성성불(見性成佛-모든 사물의 성질을 파악하면 부처가 된다) 등을 전하였다.

여기서 가장 중요한 것이 견성(見性)이다. 소는 소로, 바위는 바위로의 성질을 바로 파악하면 그것이 바로 부처이다. 석가가 부처가 되고 보니「산천초목이 동시에 부처가 되더라」는 말이 있다. 석가가 사물의 본성을「견성」하니 산천초목의 본성이 그대로 나타났다는 의미이다.

이것은 세상에 깨닫지 않은 물건은 아무것도 없는데 다만 사람만이 깨닫지 못하고 있을 뿐이라는 것이다.

2. 예수님의 소금

예수께서는 존재하는 실체를 예를 들면서 비유로 교훈하신다. 「너희는 세상의 소금이니 만일 그 맛을 잃으면 무엇으로 짜게 하리요. 후에는 아무 쓸 데 없어 다만 밖에 버리워 사람에게 밟힐 뿐이니라」(마 9 : 13)고 교훈하셨다.

여기서 예수님의 교훈내용에 등장하는 물질이 소금이면 어떻고 설탕이면 어떻며 또 촛불이면 어떤가. 그것이 화학적 생물학적 내용이 아니라 그것의 존재가치로서의 고유한 본질을 말하는 것이다.

또「소금은 좋은 것이로되 만일 소금이 그 맛을 잃으면 무엇으로 이를 짜게하리요. 너희 속에 소금을 두고 서로 화목하라」(막 9 : 50)고 했다.

이것은 누가 제일 높은지 서로 다투고 있는 제자들을 향해 하신 말씀이다. 여기서 예수님의 제자로서 마땅히 또한 당연히 화목할 것을 교훈하신다.

현대인들은 너무 지혜롭고 똑똑해서 사물의 질량과 성질 등은 정확히 알고 있다. 인간의 성품 및 인격도 사물의 그것과 동일한 가치 척도로 측정하고 인식한다. 슬픈 현상이다.

불교의 견성(見性)은 사물의 성질 파악으로 과학적 분석도 합리주의적 인식논리 범주를 벗어나지 못하고 있다.

그러나 기독교의 예수님께서 하신 소금을 비유로 한 교훈은 사물의 본성인 정적 존재의 분석 뿐만 아니라 그 고유한 존재가치의 역할로서 동적인 에너지의 활동도 포함하고 있다.

복음은 이성적 한계를 벗어나는 성령의 폭발적 역사까지 포함한다. 오늘날 이 사회가 어지러운 것은 인간들이 하나님의 사역에 따라 그 본성대로 살지 않기 때문이다.

세상에는 사람을 찾는 기준도 분석평가에 유능한 사람을 찾아 쓴다. 그러나 예수님의 복음사역에는 부족하고 미련한 인간이지만 하나님의 뜻에 합당한 사람을 찾아 쓰신다.

필자는 한 때, 쓸모없는 소금이 되어 밖에 버리워졌었으나 예수님의 구속의 은혜로 지금 쓰임 받고 있어서 다시금 소금의 교훈을 가득히 새기게 된다.

초대에 대하여

1. 불교의 의미

보화라는 승려는 생식(生食)을 하고 나귀처럼 뛰어 다녔다. 사람들이 나귀라고 놀려대면 나귀우는 소리도 냈다. 나귀와 보화가 일체가 되어 사람들은 분간할 수조차 없었다.

이러한 보화가 어느날 임제(臨濟)와 어떤 부잣집의 초대를 받았다. 많은 고관 대작 틈에 끼어서 진수성찬을 받게 되었다.

임제는 「산도 삼키고 바다도 삼키니 신통한가?」라고 물었다. 임제는 산해진미에 구미가 당겼던 모양이다. 보화는 산해진미를 담은 진수성찬을 발로 차 엎고 말았다.

임제는 당황하여 「이런 무례가 어디 있느냐」고 질책하자 보화는 이렇게 호통을 쳤다. 「무는 무엇말라 죽은 무며, 예는 말라 죽은 예냐? 온 백성이 굶주리고 떨고 있는데 고관 대작들의 틈에 끼어 중 새끼도 한몫 끼어야 하느냐?」라고 하였다.

소나 나귀나 고관대작들이나 그의 눈에는 마찬가지였다. 그에게는 일체가 평등이요 일체가 자유로왔다.

2. 기독교의 의미

하나님의 아들 예수님은 인류의 영혼을 구속하기 위하여 이세상에 오셨다. 그 당시 유대의 귀족 계층인 서기관과 바리새인들은 소외계층을 죄인들이라고 불렀다.

그러나 예수님은 멸시와 천대받는 사람으로서 대접받지 못하는 죄인들의 초대에 즐겨 응하셨으며 그들과 같이 식사를 같이 하시며 하나님 나라를 전파하였다.

이때에 바리새인들은 예수님을 먹기를 탐하는 자라고 비난 하였다.

마가복음 12장 39절에 「회당의 상좌와 잔치의 상석을 원하는 서기관들을 삼가라」고 말씀하신다. 이 말씀은 그 당시 귀족계층이 상좌에 앉아 대접받기를 좋아한 것을 알 수 있다. 또한 이 말씀은 예수님께서 외면당하며 멸시당하며 소외당한 이들, 죄인들과 같이 식사하는 모습을 볼 수 있다.

누가복음 14장 7절~11절을 인용해 보자.「청함을 받은 사람들의 상좌 택함을 보시고 저희에게 비유로 말씀하여 가라사대 네가 누구에게나 혼인 잔치에 청함을 받았을 때에 상좌에 앉지 마라. 그렇지 않으면 너보다 더 높은 사람이 청함을 받은 경우에 너를 청한 자가 와서 너더러 이 사람에게 자리를 내어 주라 하리니 그때에 네가 부끄러워 말석으로 가게되리라 청함을 받았을 때에 말석에 앉으라 너더러 벗이여 올라 앉으라 하리니 그때에야 함께 앉은 모든 사람 앞에 영광이 있으리라. 무릇 자기를 높이는 자는 낮아지고 자기를 낮추는 자는 높아지리라」

여기서 사람들이 상석을 좋아하는 허황된 교만의 모습을 보게 된다. 더욱 예수님은 『겸손하신 예수』를 본받을 때에야 하나님 나라를 소유할 수 있다는 교훈을 친히 가르쳐 주셨을 뿐 아니라 스스로 낮아져서 제자들의 발을 씻겨 주셨다.

옛날이나 지금이나 종교지도자들이 귀족들과 어울려 상석을 좋아할 때 나라가 어지럽고 백성은 도탄에 빠진다.

고려 말엽 태고조사는 왕족과 귀족과 즐겨 어울렸다. 그러나 그

중에 백운(白雲)은 단 한번도 권문세가의 초대에 응한 적이 없고 몽고 학정 아래 고통당하는 백성들과 고락을 같이 하여 산수를 벗삼아 유유자적 하며 한 세상 보냈다.

결국 백성은 도탄에 빠졌고 나라는 망했다. 고려말엽의 불교의 부패 타락상을 오늘날 기독교에 조명해 봄으로 교훈을 삼자. 크리스챤들은 예수님께서 죄인들과 말석에 앉아 잡수시는 모습을 마음 속에 깊이 간직하면서 살아가자.

못가진 자의 편에 서서 낮아 지면서 겸손하게 살아가자.

無心과 어린이 마음

　선종에서「무」혹은「무심」이라고 말하는 것이 그리스도께서 말씀하신「어린이의 마음」과 같은 것이라고 흔히들 말한다. 비교해 보면서 생각해 보자.

1. 불교의 무심

　야마다 부분(山田無文)은 다음과 같은 일화를 전해 준다.
　언젠가 미국의 카톨릭신부 한분이 찾아와서 질문하기를『선종의 깨달음을 가르쳐 주시요 깨달으면 어떤 심경이 되는지 들려 주시오』라고 했다. 사실 그런것을 말할 수 있고 들어서 알 수 있다면 무리하게 고생하면서 좌선을 하지 않는다. 아마도 그 신부는 일본에 온차에 인스턴트로 깨달음을 얻어 돌아가자는 심산이었는가 보다.『당신의 질문에 대답하기 전에 질문을 하겠어요. 예수는 어린이 같은 마음을 갖지 않으면 천국에 들어 갈 수 없다고 했는데 대체 어린이의 마음이란 어떤 마음인가요? 어린이의 심리상태는 어떤 것입니까? 당신도 언젠가 천국에 들어가겠지만 그때 어떤 심정으로 천국에 들어 갑니까?』이때 신부는 고개를 갸우뚱 하면서 한참만에 대답했다.『어린이의 마음은 무입니다.』신부는 선종에서 가르치는 교훈과 똑같은 대답을 했다. 그리고 그 신부는『이제 알았습니다.』

하면서 무릎을 쳤다.
　그때 나는 『아직 기뻐하는 것은 이릅니다. 당신은 머리로 알았지만 선에서는 아랫배(주 : 참선할 때 아랫배로 단전호흡을 한다)로 알아야 합니다.』그때 신부는 『나는 대학에서 철학을 전공했기 때문에 머리로 알면 충분하다』고 말했다.
　이와 같이 선종에서의 무는 아랫배로 아는 것이지 머리로 아는 것이 아니다.

2. 기독교의 어린이 마음

　불교의「무심」과 기독교의「어린이의 마음」은 얼른 생각하면 같은 것으로 이해될 수 있는 것으로 안다. 그러나 동시에 이처럼 종잡을 수 없는 것도 없다.
　마태복음 18장 1~4절에「그때에 제자들이 예수께 나아와 가로되 천국에서는 누가 크니이까 예수께서 한 어린아이를 불러 저희 가운데 세우시고 가라사대 진실로 너희에게 이르노니 너희가 돌이켜 어린아이들과 같이 되지 아니하면 결단코 천국에 들어가지 못하리라」고 했다.
　예수께서는 어린아이처럼 되어야 한다고 교훈했다. 어린아이의 마음이란 겸손하고, 자기를 낮추는 마음을 의미하고, 이 겸손이 없이는 천국에 갈 수 없으며, 제일 겸손한 사람이 천국에서 제일 높은 사람이다는 식의 이런 해석은「어린이의 마음」을 머리(지성)로 아는 경우이다. 머리로 안다 해도 마음자체는 전과 같이 교만하다면 소용이 없다.
　그래서 불교에서는 머리로 이해한 바른 마음으로 실천해 보려고 고행도 하며 애를 쓴다. 이것이 아랫배로 아는 것이다. 마음은 머리가 명령하는 것을 즉시 순종하지 않는다.
　기독교는 인간의 노력으로 겸손해 지지 않는다. 성령의 도우심이 없다면 불가능하다.

  불교에서는 깨달았다고 하는 자가 「무」라고 한마디 하고는 오만하게 앉아 있다. 겸손이란 찾을 수 없다. 불교의 「무심」과 기독교의 「어린이의 마음」은 큰 차이가 있다.

  어린이는 스스로 결정하지 않고 거의 어른들에게 의탁한다.

  예수님의 교훈은 『겸손』이란 의미도 있지만 『하나님의 뜻에 맡겨라』는 의미가 더 크다.

  예수님의 교훈을 받아 날마다 낮아지는 겸손으로 하나님의 뜻에 순종하는 우리가 되어야 겠다.

굶주림에 대한 교훈

역사이래로 굶주림은 인간의 곁을 떠나지 않고 있다. 지금도 세계의 도처에서 많은 사람들이 굶주림의 고통 속에서 실낱같은 생명을 이어가고 있다.

불교와 기독교에서의 굶주림에 대한 교훈을 생각해 보고자 한다.

1. 불교의 교훈

불교는 계(戒)를 가지고 감각기관을 지키며, 음식의 분량을 알고, 밤새도록 앉아 자지 않으며, 일곱가지 바른 법을 갖추고, 참선의 즐거움에 들어가 머물러야 한다.

「감각기관을 지킴」이란 눈으로 물건을 보고, 귀로 소리를 들으며, 코로 냄새를 맡고, 혀로 맛을 보며, 마음으로 일을 생각하는데 있어서 그 물건의 모양에 집착하지 않는 것이다. 내마음을 꾀어 거기서 나쁜 생각과 욕심이 일어날 만한 모양에 집착하지 않고 감각을 제어하는 것이다.

「음식의 분량을 안다」는 것은 허영이나 치례나 맛을 위해 먹지 않고 다만 도를 이루기 위해 몸을 다스리는 것이요 굶주림을 면하기 위하여 먹는 것이다.

「참선의 즐거움에 들어가 머문다」는 것은 욕심과 악을 떠나 마음이 자유롭게 되는 것이다.

2. 기독교의 교훈

시편 9장 18절에 「궁핍한 자가 항상 잊어버림을 보지 아니함이여. 가난한 자가 영영히 실망치 아니하리로다」고 했다.

또한 시편 35장 10절에 「내 모든 뼈가 이르기를 여호와와 같은 자 누구리요. 그는 가난한 자를 그 보다 강한 자에게 건지시고 가난하고 궁핍한 자를 노략하는 자에게서 건지시는 이라 하리로다」고 했다. 이는 하나님께서 굶주리는 자를 기억하며 또한 건져주시겠다는 것을 말한다. 하나님은 고아와 과부를 특히 돌보셨다. 밭의 곡식도 끝까지 다 베지 않게 하였으며 나무의 실과도 다 따지않고 남겨 두도록 했다. 이는 굶주린 자들을 위해서 그렇게 했다.

예수님께서는 공중에 나는 새들 보다 인간이 더 귀하다고 하면서 친히 기르시겠다고 했다.

불교에서처럼 굶주릴 때에 「감각기관」을 제어함으로, 잊어버리지도록 가르치지 않는다. 또 「참선」이란 방법으로 일종의 환각상태에서 들어가도록 하는 것도 아니다.

기독교는 「굶주림」의 고통을 인간의 노력에 의해서 제거하며, 잊어버리도록 하지않고 오직 하나님께서 직접 피조물 인간을 책임져 주시는 것이다.

사회보장제도가 발달한 나라도, 구제물자를 보내는 나라도 일찍 기독교를 받아들인 국가이다. 이는 하나님의 교훈을 실천한 결과이다.

마태복음 6장 11절에 「우리에게 일용할 양식을 주옵시고」라고 했다. 『우리』이지 『나』가 아니다. 복수이지 단수가 아니다. 우리는 이웃의 굶주림을 위하여, 인류의 굶주림을 위하여 얼마나 기도하며 고민했던가!

분명히 불교의 굶주림에 대한 교훈은 소극적이며, 인간자체의 극기를 요구하는 인본주의에 기초하지만, 기독교의 굶주림에 대한 교훈은 하나님의 사랑이다. 피조물인 인간은 오직 그의 나라와 그의를 구하도록 하셨다.

이웃을 돌보는 사랑도 하나님 사랑에 기초하는 신본주의에 근거를 둔다.

우리 모두 기도하자. 『주여! 우리에게 일용할 양식을 주옵소서……』

고향을 찾은 석가와 예수

불교의 석가모니와 기독교의 예수님이 고향을 찾아 갔을 때 그들을 맞이하는 마을 사람들의 태도와 그때 이 두분은 어떤 행동을 취하였는가를 생각해 보자.

1. 석가모니가 찾은 고향마을

석가가 도를 이루었다는 소문은 온 나라에 널리 퍼졌다. 이 소식을 듣고 가장 기뻐한 사람은 그의 아버지 「숫도오다나」였다. 왕은 하루 빨리 태자의 얼굴을 보고싶어 몇번이나 사신을 남방으로 보내었다. 그러나 끝내 함흥차사였다.

왕은 드디어 「카알루다아인」을 재촉하여 남방 60요오자나(인도의 거리단위)의 길을 떠나 「리자그리하」(인도의 지명)로 가게 했다. 카알루다아인은 석가모니와 동갑으로 어릴 때부터 친구였다.

「카필라」성의 「샤아갸」족 사람들은 석가모니를 맞이할 준비에 바빴다. 우선 「냐그오로다」동산을 깨끗이 치우고 석가와 비구들을 거기에 청했다.

원래 샤야갸족은 교만한 성질이 있어 여러가지 문제를 일으켰는데 이날도 그 성질에 사로잡혀 석가모니가 자리에 앉아도 그 일족의 장로들은 경배하기를 즐겨하지 않았다.

「고오타마(석가가 어릴때 이름)는 우리보다 젊으니까 우리가 먼저 절 할 수가 없다. 그가 먼저 우리 앞에 나와 절해야 한다.」 석가는 그들의 교만을 꺾어 주고자 공중에 올라가 신통력을 나타내었다. 그들은 이 기적을 보고 머리를 숙여 공손히 절했다고 한다. 사실 이 신통력도 설화이다. 불교 유통사에 볼 때 석가모니는 신통력이라든가 기적을 행한 적이 없다.

2. 예수님이 찾은 고향 마을

예수님은 고향에서 철저하게 배척을 당했다 (마가복음 6장 1절~6절, 누가복음 4장 16절~30절 참조).

불교의 석가모니는 자기 아버지로부터 모든 사람들이 청소를 하고 환영준비를 했다. 어느정도 거창한 환영을 하였다고 본다. 단순히 나이 많은 사람들이 젊은 석가모니에게 먼저 절하지 않았다는 것을 교만한 행위로 보고 신통력을 발휘하여 놀라게 하므로 존경을 받았다고 하는데 「놀람」과 「존경」이 일치할 수 있을까? 오늘날 권위를 앞세우는 사람들은 놀라게 하므로 사람들로부터 존경을 받으려고 한다. 우리는 여기서 잘못된 가치판단을 읽을 수 있다.

예수님은 아무런 환영 준비도 없었고 배척의 최상인 죽음까지 이를뻔 했다.

그러나 예수님은 이적을 행하므로 존경을 받으려고 하지 않았다. 결코 능력이 없어서 행하지 않은 것은 아니다. 다만 완악한 그들의 심령을 보고 되돌아섰다.

그들은 예수를 너무 잘 알았기 때문에 배척했다. 이것은 오늘날에도 마찬가지이다.

「역사적인 예수」, 「신화적인 예수」라 하며 가장 잔인하게 분석하며 난도질하는 저들은 존경은커녕 냉정하게 배척할 뿐이다.

「이성」과「감정」을 통해 잘 안다고 하므로, 옛날 고향 마을 사람들이 배척한 것처럼 우리도 그 뒤를 따라가고 있지는 않은지?
 믿음은 영리하고 약삭빠른 면보다 바보같고 우직하게 성경대로 따라야 강해지는 것이다.

결혼에 대한 교훈

1. 불교의 교훈

　석가모니가「바리이」시의「디제야」숲에 이르렀을 때「멘다카」의 손자「육가라」는 석가모니를 집에 초청하여 음식을 올린 후에 그 딸들을 인사시켰다.
　『석가모니여 이 애들을 시집보내려 하는데 좋은 교훈을 주시기 바랍니다.』
　이때 석가모니는 다음과 같은 교훈을 주었다.
　『시부모는 자기 집안일을 도와 줄 며느리 라고 생각하고 사랑하는 마음으로 너희들을 맞아들이는 것이니 너희는 그것을 감사하라. 또 비위를 잘 맞추라. 일찍 일어나고, 시부모보다 늦게 자며, 언제든지 온화한 얼굴, 부드러운 말씨로 그 시부모를 모셔야 한다. 자기 남편이 존경하여 모시는 그 부모이니 나도 존경해 모시겠다 하고 받들면 시부모의 마음도 기쁘리라.
　그리고 그 남편의 하는 일을 잘 이해하고 자기도 그 일을 잘 익혀서 도와주라. 집의 잔일들을 보아주는 하인들의 성질을 잘알아서 힘에 알맞는 일을 시키며 그 식성까지도 비위에 맞게하라. 남편의 수입을 신중히 여겨 낭비하는 일이 없도록 하라. 이렇게 마음으로 준비하고 시집가면 그 집안이 화목하고 행복하리라.』

「육가라」와 그 딸들은 감격하여 경배하고, 평생 그 가르침을 받들어 행하기를 맹세했다.

2. 기독교의 교훈

기독교의 결혼은 하나님의 뜻에 따라 행해야 한다고 가르치고 있다.

특히 하나님께서 친히 제정하신 것으로 귀중성과 신성성을 강조하고 있다.

하나님은 혼인을 통해서 언약의 씨앗 이삭을 주셨다. 그러므로 예수 그리스도의 구속사역도 어쩌면 신성한 혼인의 언약과도 같다고 할 수 있다.(히 13：4, 살전 4：3~4).

불교의 결혼에 대한 교훈은 도덕적인 범주를 벗어나지 못하고 있다. 물론 기독교도 도덕적인 면을 소홀히 하지는 않는다.『나는 너희가 알기를 원하노니 각 남자의 머리는 그리스도요 여자의 머리는 남자요 그리스도의 머리는 하나님이시다』(고전 11：3)고 교훈하신다.

남녀 부부관계도 영적 질서가 있음을 명백히 보여주고 있다.『아내된 자들아 이와같이 자기 남편에게 순복하라 이는 혹 도를 순종치 않는 자라도 말로 말미암지 않고 그 아내의 행위로 말미암아 구원을 얻게 하려 함이니』

『남편된 자들아 이와같이 지식을 따라 너희 아내와 동거하고 저는 더 연약한 그릇이요 또 생명의 은혜를 유업으로 함께 받을 자로 알아 귀히 여기라 이는 너희 기도가 막히지 아니하게 하려 함이라』(벧전 3：1, 7).

하나님께서는 부부에게 다같이 복음적인 차원에서 서로 순종하고 귀히 여기며 사랑하라고 교훈하신다. 유업을 함께 받을 동반자로 사랑하라고 교훈하신다.

결혼에 대한 교훈이 불교에서는 소극적이요, 기독교에서는 적극적이다.

초대 교회의 축복받은 가정은 고넬료 가정이다. 이 가정을 통해서 복음이 전파되었다.

하나님께서 신성시하는 이 『가정』들이 오늘날 가치관의 변화로 오염되고 변질되어 가고 있다.

결혼한 부부들이 더 고독에 머물며 방탕의 늪지대로 향하여 가려고 한다. 진정한 인간성 회복도 『결혼』에 대한 기독교의 위대한 교훈이 편만하게 실현될 때 이룩될 것이다.

인생지락 (人生至樂)

『인생은 즐기는 존재이다』고 흔히들 말한다. 인생최고의 즐거움에 대하여 장자의 입장과 기독교의 입장을 생각해본다.

1. 莊子의 견해

장자의 「지락편」은 참다운 즐거움이 무엇인가를 묻는다.

장자는 『정말 즐거움이 있다면 모든 사람들이 가지려고 하지 않는 무위(無爲)의 세계에서 즐거움을 찾아야 한다. 그런 즐거움이라야 누구나 가질 수 있는 참다운 즐거움이 될 것이다』고 말한다.

세상사람들이 즐기는 것은 부귀, 장수, 미명(美名)인데 그들의 즐거움이 참다운, 영원한 즐거움인지 의심하지 않을 수 없다.

그것들을 가질려고 서로 다투고 싸우니 그 자체가 즐거운 것인지는 모르나 결국 얻을려다 죽고 마는 결과를 가져온다.

하루는 장자의 아내가 죽었다. 그때 장자는 두 발을 내뻗고 북을 치며 노래를 부르고 있었다. 『평생을 같이 산 아내가 죽었는데 울지도 않고 북을 치며 노래를 부르니 좀 지나친 것이 아닌가?』

혜자가 조문을 가서 의아해서 물었다. 그때 『아내가 죽으니 처음에는 가슴이 터질듯 기가 막히더군. 그러나 가만히 생각해 보니 인간은 본래 없는데서 와서 지금 없는데로 돌아 갔으니 마치 겨울에서 봄이 왔다가 다시 겨울로 돌아간 것이나 다름이 없지 않은가?「천리」라는 큰 집으로 돌아가 가분좋게 한잠 들었는데 내가 울고 불고하여 잠을 방해한다면 천명을 너무도 모르는 것이 되지 않겠나. 그래서 우는 것을 그만두었지….』

이렇게 장자는 느긋하게, 여유있게 대답을 하였다. 어쩌면 장자처럼 체념이 참된 즐거움일까?

2. 기독교의 견해

기독교의 가치판단은 하나님을 중심으로 이루어진다.『마음의 즐거움은 얼굴을 빛나게 하여도 마음의 근심은 심령을 상하게 하느니라』(잠 15:13).

이와같이 성경은 하나님의 형상대로 지음 받은 심령이 즐거워야 한다고 말한다.

하루는 예수께서 바다위를 걸어서 제자에게로 왔다. 제자들은 유령인 줄 알고 놀라 소리를 질렀다.『나다. 무서워 말고 안심하여라』곧 바람이 그쳤다. 제자들은 너무 놀라 어쩔줄을 몰랐다(마가복음 6:47-51 참조).

여기서 우리는 예수님과 함께 있을 때 두려움이 변해서「평안」과「기쁨」이 된다는 것을 알 수 있다.

즉『예수님과 동행하는 삶』일 때『즐거운 승리의 삶』을 살 수 있다.『다만 이뿐 아니라 우리가 환난 중에도 즐거워하나니 이는 환난은 인내를, 인내는 연단을, 연단은 소망을 이루는 줄 앎이로다』(롬 5:3-4).

장자의 즐거움은 무위(無爲), 즉 아무것도 가질려고 하지 않는 일종의 허무와 체념, 포기의 상태에서 지락(至樂)을 누릴려고 하였다.

기독교의 참되고 영원한 최고의 즐거움은 예수님을 가슴속에 소유함으로서 가능하다.

　사회가 어렵고 나라의 정치가 잘되어 가지 않을 때는 특히 쾌락주의와 허무주의가 꽃핀다.

　오늘날은 3 S 즉 스포츠(Sport), 섹스(Sex), 스크린(Screen)에서 쾌락을 찾는것 같다.

　탁류가 육신과 영혼을 좀 먹고 있지만, 주님과 동행하는 삶을 살 때, 순화되고 지락을 누리게 된다.

기도하는 마음

인류의 생활은 종교로부터 시작되었고 종교생활은 기도로부터 시작되었다고 해도 무리는 아닐 것이다. 종교를 가진 사람이든 갖지 않은 사람이든 생활 그 자체가 기도인 것이다.

1. 불교의 마음

요즈음 가끔 사찰에 가보면 현수막이 걸려 있어 눈길을 이끈다. 「백일기도」, 또 「천일기도」 등이다.

불교의 기도는 시작할 때 신도들이 모여서 「기도시작불공」을 드리고, 그후부터는 승려들이 매일 염불과 불공을 대신 드려준다.

또한 마치는 날 신도가 모여서 불공의식에 참여하면 된다. 모든 것을 승려들이 대신하여 준다.

지금도 불교의 발상지인 네팔이나 티벹에 가면 승려들이 자기도 알지 못하는 기도문을 넣은 「기도문 통」을 지팡이에 매어 달고 다니는 것을 볼 수 있다. 일을 할 때나 걸음을 걸을 때 그 기도문 통을 뱅글 뱅글 회전시킨다. 그러면 기도가 계속되고 있다고 믿는다.

산골의 여울목이나 강가에서도 기도문 통을 물레방아 처럼 만들어 강물에 긴 줄을 매어 회전시킨다. 물결의 흐름에 따라 빙글 빙글 회전하도록 만들어 놓았다. 그러면 기도는 계속되어 가고 있고 또한 그것이 이루어진다고 맹신하고 있다.

2. 기독교의 마음

예수님께서는 바르게 살려는 바리새인들의 의욕보다 그들의 외식을 철저하게 질책하였다. 옷깃에 성경구절이나 써붙이고 시장바닥에서 사람들로부터 문안 받기를 즐겨하는 그 외식을 싫어하셨다.

『두 사람이 기도하러 성전에 올라가니 하나는 바리새인이요 하나는 세리라. 바리새인은 서서 따로 기도하여 가로되 하나님이여 나는 다른 사람들 곧 토색 불의 간음을 하는 자들과 같지 아니하고 이 세리와도 같지 아니함을 감사하나이다……세리는 멀리 서서 감히 눈을 들어 하늘을 우러러 보지도 못하고 다만 가슴을 치며 가로되 하나님이여 불쌍히 여기시옵소서 나는 죄인이로소이다.』(눅 18 : 10~14)

예수님은 미사여구를 나열하는 형식적인 기도를 가장 싫어하신다. 자기의 잘못을 뉘우치는 죄인의 기도를 어여삐 보신다. 여기서 기도하는 마음이 어떠해야 하는가를 알 수 있다.

불교의 기도처럼 승려가 대신해 주는 그런 무기력한 기도가 되어서는 안될 것이다. 우리 1천만 크리스챤들에게는 세리와 같은 간절한 기도가 지금 필요하다.

『너는 기도할 때에 네 골방에 들어가 문을 닫고 은밀한 중에 계신 네 아버지께 기도하라. 은밀한 중에 보시는 네 아버지께서 갚으시리라. 또 기도할 때에 이방인과 같이 중언부언하지 말라. 저희는 말을 많이 하여야 들으실 줄 생각하느니라.』(마 6 : 5~7)

우리는 밤새도록 큰 소리로 부르짖고 기도하며, 손에 성경 암송카드를 들고「말씀, 말씀」하면서 불교의 중들이 염불하듯이 성경을 외워도 그 자신의 마음 밭이 딱딱해서 행동과 인격의 변화가 없는데에 문제가 있다.

하나님을 향한 기도가 아니라 사람을 향한 기도가 되어 있지는 않는가?
 불교의 물레방아처럼 하는 기도문이 되지 않고 간절한 마음으로 하나님께 기도하자.
 『하늘에 계신 우리 아버지여, 이름이 거룩히 여김을 받으시오며 나라이 임하옵시며 뜻이 하늘에서 이룬 것같이 땅에서도 이루어지이다……』

우주관에 대하여

 사람은 우주를 떠나서는 존재할 수도 없고,「우주」그것도 사람을 떠나서는 그 존재가치를 인정 받을 수 없다.
 한개의 작은 먼지들이 모여서 우주가 형성되고 그 형성된 우주는 한개의 작은 소립자 속에서도 존재할 수가 있다.
 다시 말하면 한방울의 물이 모여서 대하(大河)가 되고 또한, 그 한방울의 물속에 대하의 실체가 존재론적으로 들어갈 수가 있다.

1. 불교의 우주관

 진리를 보는 눈이 열린 사람은 그의 지혜에 의하여 몸도 정신작용도 허무하다고 달관한다.
 육체는 그대로의 육체이고 허무는 그대로의 허무이다. 감각, 상념, 의욕, 자아 등 정신작용도 그와 같다.
 산의 언덕은 높고, 골짜기는 깊고, 까마귀는 검고, 까치는 흰 색깔이 있다. 이들은 분명 차이가 있다. 각 개체 하나하나의 성질은 다르다. 그러나 각 개체의 고유한 존재가치는 평등하다.
 『차별 및 평등』은 불교의 중요한 사상이다. 불교에서는 부처의 음성을『산은 산이고 물은 물이다』(山山 水水)라고 한다. 계곡의 물소리는 불타(佛陀)의 오랫동안 하는 설법이라고 한다. 기독교의 자연계시 내지 일반은총과 비슷한 것이다.

2. 기독교의 우주관

온 세상은 하나님의 말씀으로 지어진 것이다(히 11 : 3). 그리고 하나님은 그 우주를 유지, 말씀하고 있다. 『여호와의 소리가 물위에 있도다. 영광의 하나님이 뇌성을 발하시니 여호와는 많은 물위에 계시도다. 여호와의 소리가 힘 있음이여 여호와의 소리가 위엄하도다. 여호와의 소리가 백향목을 꺾으심이여 여호와께서 레바논 백향목을 꺾어 부수시도다.』(시 39 : 3~5)라고 시편기자는 말한다.

기독교의 우주관은 불교에서처럼 존재 현상을 있는 그대로 보는 것이 아니다.

하나님께서 우주를 창조하시고, 통치하는 것으로 본다.

불교에서는 산과 계곡의 물소리를 듣고 불성의 존재를 음미한다. 그러나 기독교에서는 피조물의 존재를 통해서 창조주 하나님의 뜻을 계시, 섭리함을 보여준다.

특히 인간은 하나님의 형상으로 지음 받았다. 그리고 문화사명과 통치명령을 하나님께로부터 받았다.

불교의 우주관은 소극적이다. 기독교의 우주관은 창조주 하나님께서 우리 인간들에게 위에서 말한 두가지 명령을 시행하면서 적극적으로 우주를 지배하라고 말씀하신다. 그러므로 모순된 제도나 체제 속에서 모든 사물을 존재현상으로 긍정하며, 허무주의에 빠지는 불교의「차별 및 평등」의 사고방식은 인간의 행복을 외면해 왔다. 더욱 비양심적인 지배계급을 합리화 시켜주는 자료를 제공하고 있다.

기독교는 적극적으로 복음주의에 입각하여 하나님의 명령에 따라서 개척해 나가야 한다고 본다.

사람의 허울을 가졌지만 우주관이 없고 인생관이 없으면 벌레와 다를 것 없다.

우리들은 하나님이 명령하신「통치」와「문화」의 사명을 잘 감당하자. 그래서 인류가 행복의 자리에 들어가길 바란다.

마음의 눈에 대하여

「눈은 마음의 창」이라는 말이 있다.

여섯자 키를 가진 사람의 마음은 한자 길이의 그 얼굴에서 나타나며, 그 얼굴의 참 모습은 한치의 눈동자에 나타난다는 말이 있다.

불교와 기독교에서「마음의 눈을 어떻게 생각하는가」를 살펴보자.

1. 불교의 진공불공(眞空不空)

반야심경에 『색즉시공 공즉시색』(色卽是空 空卽是色)이라는 가르침이 있다.

「색(色 : 물질적 현상)이란 것은 전부 실체가 없는 공(空)이다. 실체가 없는 공이란 즉 물질적인 현상이다.」는 뜻이다.

우리들의 눈에 비치는 사물의 실체는 전부 공이다. 왜냐하면 모든 물체, 그 요소가 작용하여 또다른 물체를 만들고 있기 때문이다. 그러므로 어떤 이유로 또 다시 분산되면 공(空)이 된다. 이것이 「존재한다는 것은 공이다」는 의미이다.

때로 우리는 「공」과 「색」, 어느 한쪽으로 기운다. 공이면 허무주의요, 색이면 현실주의다.

「眞空」은 어느 한쪽으로 기울어지지 않는 것이다.

「색」(물질적 현상)에 집착하는 것도 고(苦)요, 공(무상)에 얽

매임도 고다. 이 둘의 조화가 중도(中道)이다. 중도는 「적당히」 「알맞게」의 뜻은 아니다. 『도(道)에 통(中)한다』는 뜻이다.

진공불공(眞空不空)은 「진실한 진리(眞空)는 진실한 진리가 아니다(不空)」라는 뜻이다.

반야심경의 진리라는 것이 결국 자가당착이며 모순이다. 불교도들의 반야심경 암송도 결국 공염불에 불과하다.

2. 기독교의 마음의 눈

예수님의 위대한 교훈 중 하나가 산상설교이다. 「마음이 청결한 자는 복이 있나니 저희가 하나님을 볼 것임이요」(마 5 : 8).

「저희 눈을 멀게 하시고 저희 마음을 완고하게 하셨으니 이는 저희로 하여금 눈으로 보고 마음으로 깨닫고 돌이켜 내게 고침을 받지 못하게 하려 함이니라」(요 12 : 40).

하나님이 열면 닫을 자가 없고 닫으면 열 자가 없다.

불교에서 자력으로 실체가 공(空)임을 깨달으려 하나 자기 모순에 빠진다.

성경은 「또 마음을 아시는 하나님이 우리에게와 같이 저희에게도 성령을 주어 증거하시고 믿음으로 저희 마음을 깨끗이 했다」고 기록하고 있다.

하나님께서 우리 마음을 깨끗게 하고 그 마음의 창인 눈을 밝게 하여 줌으로 진리의 실체를 파악하게 되고 체험하게 된다.

이 지상에 하나님의 나라를 확장하기 위해서는 인간적인 방법으로는 안된다. 불교적인 방법으로, 자기 스스로의 힘으로 사물의 실체를 파악하며 진리에 도달할 수가 없다.

오늘날 불교신자들이 늘상 암송하는 반야심경. 자기 모순에 빠져 허우적거리는 사실을 인정하려 들지 않는 그 고집이 문제다.

마음의 창문을 활짝 열자.

「오늘」에 대한 교훈

1. 불교에서 睦州의 바보놀음

어느날 한 중이 목주화상(睦州和尚)의 절로 찾아와 이 절에 있게 해 달라고 했다.

목주화상이 중에게『지금까지 어느 절에 있었나?』하고 물었다. 그때 그 중은『꽥!』하고 고함을 쳤다.(주 : 불교에서 진리를 필설로 설명할 수가 없다. 그래서 고함을 친다. 고함자체가 진리, 대답이라는 뜻)

목주가 이 대답을 듣고,『허허, 내가 자네에게 한방 맞았군!』했다. 그때 또다시 그 중은『꽥!』소리를 질렀다. 그러자 목주는 역정이 났다.『도대체 어쩌자는 것이냐? 꽥, 꽥 세번, 네번……계속 고함을 치고나서 그 다음엔 어쩌겠다는 말이냐? 그래도 계속해서 소리만 지르겠다는 말이냐?』하고 꾸짖었다.

그때 그 중은 기가 죽었는지 잠자코 있었다. 이 때를 놓치지 않고 목주는 그 중을 후리치며 말했다.『이 바보같은 놈이……』

2. 기독교의 염려와 오늘의 교훈

예수님께서는「염려와 하루의 삶」에 대한 교훈으로서 마태복음 6장 25~34절에 다음과 같이 말했다.

『그러므로 내가 너희에게 이르노니 목숨을 위하여 무엇을 먹을까 무엇을 마실까 염려하지 말라. 목숨이 음식보다 중하지 아니하며, 몸이 의복보다 중하지 아니하냐……너희중에 누가 염려함으로 그 키를 한 자가 더할 수 있겠느냐 또 너희가 어찌 의복을 위하여 염려하느냐……너희는 먼저 그의 나라와 그의 의를 구하라. 그리 하면 이 모든 것을 너희에게 더하시리라. 그러므로 내일 일을 위하여 염려하지 말라. 내일 일은 내일 염려할 것이요, 한 날 괴로움은 그 날에 족하니라』

예수님께서는 인간이 사용할 모든 물질은 하나님께서 주신다는 것을 믿고 염려와 근심을 하지 말라고 했다. 오직 그의 나라와 그 의를 구하라고 했다.

시간은 계속되는 것이 아니다. 「오늘」은 「오늘」이고, 「내일」은 「내일」이다.

「오늘의 나」가 「내일의 나」가 아니다. 오늘은 오늘의 나요, 내일은 내일의 나다. 마치 샘에서 솟아나는 물이 오늘도 새물이요, 내일도 새물인 것처럼…….

오늘도 새 하루요, 내일도 새 하루다. 하루를 더 살고 죽는 것이 아니다. 오늘은 오늘로 장사 지내고, 내일은 내일로 장사 지내는 것 뿐이다.

시간의 축적은 「영원」이 아니다. 그것은 「장시간」일 뿐이다. 영원은 시간을 초월하는데 있는 것이 아니다. 시간을 초월한 세계는 시간없는 세계요, 무 시간이다. 영원은 한순간 찰라 속에 있고, 끊어진 시간 속에 있다. 끊어진 시간만이 산 시간이다. 그것이 참 시간이다.

불교는 무시무종(無始無終), 즉 시작도 없고 끝도 없다. 시간을 끊을 줄 모른다.

기독교에서는 「알파와 오메가」라고 말한다. 시작과 끝이 있으며 시간의 진실한 의미를 알고 살아간다.

불교에서는 「영원」이란 존재가 없다.

기독교에서는 예수님 자신이 「알파」와 「오메가」이며 「영생」이다. 이 예수를 영접할 때 우리도 영생한다.

무식한 중처럼 「꽥, 꽥」 소리 지르면서 의미없는 하루 하루를 살아가지 말라. 「아멘, 할렐루야」의 뜻도 모르면서 몸을 비틀면서 고함치지 말라.

『내일 일은 내일 염려할 것이요, 한 날 괴로움은 그 날에 족하니라』는 말씀을 가슴에 담을 때 우리는 영생에 참여하게 된다.

『주님! 오늘 하루 한 순간도 주님의 영광을 위하여 살게 하옵소서……』

법화경과 신약성경

지난 10월경 한양대 불문학 민희식 교수가 『예수는 석가모니 제자였다』라는 글을 「주간 중앙」지에 발표했다.

또한 『법화경과 신약성서』라는 책을 전남 승주군 송광사에서 운영하는 불일출판사에서 출판 보급하고 있다.

민교수는 학술적 근거도 없이, 예수가 인도에 가서 불교 법화경을 배웠기 때문에 신약성경 중 많은 부분이 동일하다고 주장하고 있다.

이에 민희식 교수의 「법화경과 신약성서」에 대한 반론을 전개하고자 한다.

1. 불교의 장자, 궁자(莊子, 窮子)

법화경 신해품(信解品)에 장자, 궁자에 대한 이야기가 나온다. 이것은 석가모니의 비유 설법 중의 하나이다.

어떤 외아들을 잃어버린 부자 아버지는 자나깨나 아들 생각 뿐이었다. 그러던 어느날 대문앞에 허름한 차림의 거지아이가 동냥을 하러 왔다. 자세히 보니 그 거지아이는 수년전에 잃어버린 아들이었다. 아버지는 달려 갔다. 그러나 그 거지는 자기를 잡으려는 줄 알고 도망갔다. 아버지는 다른 사람을 시켜 집으로 데리고 와서 부자지간임을 속이며 잔심부름하는 일꾼으로 삼았다. 아들은 점점 성장하여 어느덧 집안의 사람을 관장하는 책임자가 되었다.
  세월이 흘러 아버지는 몸이 쇠약하여 세상 인연을 다할 때가 되자 아들을 불러놓고 『너는 내 아들이다』며 그때서야 비로소 자신이 아버지임을 밝힌다.
  이 비유의 의미를 살펴보면 부자 아버지는 부처이고, 거지 아들은 우리 중생이다.

2. 기독교의 탕자

  예수님의 많은 비유 중에 탕자의 비유는 중요한 비유이다. 『어떤 사람이 두 아들이 있는데 그 둘째가 아비에게 말하되 아버지여 재산 중에서 내가 돌아올 분깃을 내게 주소서 하는지라……둘째 아들이 재물을 다 모아 가지고 먼 나라에 가 거기서 허랑방탕하여 그 재산을 허비하더니 다 없이 한후…아들이 가로되 아버지여 내가 하늘과 아버지께 죄를 얻었사오니 지금부터는 아버지의 아들이라 감당치 못하겠나이다…아버지는 종들에게 이르되…이 내 아들은 죽었다가 다시 살아났으며 내가 잃었다가 다시 얻었노라 하니 저희가 즐거워하더라』(눅 15 : 11-24).
  불교의 장자, 궁자 이야기와 기독교의 탕자이야기의 공통점이 있다면 가난한 아들이 부자 아버지에게 돌아온다는 점이다. 이런 종류의 이야기는 세계각국의 만화나 전설에 많이 있다. 그러나 기독교의「탕자」는 불교의「궁자」와는 근본적으로 다르다. 예수님의 비유는 하늘나라 복음선포이다. 인간은 하나님의 형상대로 지음을 받았는데 범죄함으로 타락하였다.
  죄인된 우리가 회개하고 돌아설 때 하나님 아버지는 달려와서 입을 맞추고, 신을 신기고, 옷을 입히고, 가락지를 끼운다.
  신을 신기는 것은 거룩한 반열에 동참시킨다는 의미이며, 옷을 입히는 것은 의롭다고 선언하는 칭의의 의미이며, 가락지는 아들의 권리를 회복시켜 주는 언약의 표시이다.

　불교의 궁자는 비참한 상태에서 아버지를 알아보지 못했다. 자식임을 알고 있는 아버지는 그것을 깨우쳐 주지 않고 몰인정하게 외면하였다.

　여기서 대자대비한 불교의 한계를 느끼게 되는가 하면, 아가페 사랑과 기독교의 무한을 느끼게 된다.

　크게 타락해 본 사람만이 하나님의 크신 사랑을 느낄 수 있다. 죄책을 많이 느낄수록 하나님의 은혜를 깊이 느낀다.

　불교를 믿으면 궁자처럼 영혼이 점점 궁핍해져서 죽고 만다.

재난에 대한 교훈

1. **불교의 교훈** - 입안의 도끼로 자기 몸을 찍는다. -

옛날 어떤 나그네가 "라자그리하"(인도의 옛 도시)에서 걸식하다가 성문에서 새끼를 낳은 암소한테 떠받쳐 목숨을 잃었다.

소 임자는 겁이나 그날로 소를 팔아 넘겼다. 소를 산 사람은 물을 먹이기 위해 물가로 소를 끌고가다가 뒤에서 소가 떠받는 바람에 그만 죽고 말았다. 소를 샀다가 재난을 당한 그집 아들은 화가 나서 그 소를 잡았다.

자기 아버지를 죽인 소의 고기를 입에 댈 수 없어 장에 내다 팔기로 했다. 어떤 시골 사람이 그 소머리를 사서 메고 가다가 자기 집에서 십리쯤 떨어진 한 나무밑에 앉아 쉬게 되었다.

새끼에 매단 소머리를 나무가지에 걸어 놓았는데 그만 새끼가 끊어지는 바람에 소머리가 떨어지면서 나무아래 쉬고 있던 사람은 뿔에 찔려 죽었다. 이와같이 그 소는 한꺼번에 세사람을 죽인 것이다.

라자그리하의 빔비사라왕은 그 말을 듣고 너무 괴상한 일이라 싶어 신하들을 데리고 석가선생을 뵈러 갔다.

"석가선생이시여. 실로 괴상한 일이 있습니다. 한마리 암소가 세사람을 죽였습니다. 무슨 변고인지 그 까닭을 듣고 싶습니다."

"죄의 갚음에는 반드시 그 원인이 있으니 그것은 지금 시작된 일이 아닙니다. 그옛날 세사람의 상인이 이웃나라로 장사하러 가서 한 외로운 노파집에 머물러 있게 되었는데 그들은 넉넉하게 값을 치르겠다고 한 당초의 말과는 달리 며칠동안 편히 숙식을 했으면서도 떠나 올때는 노파를 만만하게 보고 값도 치르지 않은채 **빠져** 나오고 말았오. 노파가 밖에서 돌아와 장사치들이 보이지 않자 이웃 사람에게 물으니 그들은 벌써 떠나갔다고 했다. 노파는 그럴 수 있는가 싶어 수십리 길을 걸어 그들의 뒤를 쫓아갔다. 그들을 겨우 만나 숙박료를 요구하니 장사치들은 도리어 화를 내면서 오늘 아침 벌써 치뤘는데 또 달라느냐고 하면서 잡아떼는 것이었다.

노파는 분이 치밀어 올라 그들을 저주했다. "내가 지금은 곤궁해서 너희들을 어떻게 할 수가 없지만 이다음 생애는 너희들을 만나 이 원한을 풀 것이다. 축생(짐승)이 되어서라도 너희들을 한꺼번에 죽이고 말것이다." 이렇게 말한 그 노파는 이를 갈면서 저주했던 것이다.

석가는 다시 설법을 시작했다. "그때 그 노파가 바로 오늘의 저 암소요. 소한테 떠받쳐 죽은 세사람은 숙식비를 떼먹고 달아난 그 때의 장사치들이지요." 한마디로 황당무계한 논리다.

2. 기독교의 교훈 (회개의 필요성)

재난에 대한 예수님의 교훈은 복음서에 잘 나타나 있다(눅 13 : 1~5절).

"그때 마침 두어사람이 와서 빌라도가 어떤 갈릴리 사람들의 피를 저희의 제물에 섞은 일로 예수께 고하니 대답하여 가라사대 너희는 이 갈릴리 사람들이 이같이 해 받음으로써 모든 갈릴리 사람보다 죄가 더 있는 줄 아느냐 너희에게 이르노니 아니라 너희도 만일 회개치 아니하면 다 이와같이 망하리라"고 말씀하셨다.

여기서 우리는 재난에 대한 견해가 불교와 기독교에서 많은 차

불교 교리의 허구성과 기독교의 진리 169

이가 있음을 본다. 불교에서는 전생(어머니 뱃속에서 태어나기 전 세상)과 금생(모태에서 출생하여 살고있는 세상) 내생(죽어서 가는 다음 세상) 이렇게 삼생(三生)이 개미 쳇바퀴 돌듯이 인과(因果)라는 틀에서 돌아가고 있다.

기독교에서는 금생과 내생뿐이며 생사화복이 하나님의 절대적 주권하에 그의 섭리로서 역사하고 있음을 본다. 그러므로 불교에서는 재난을 당하게 되면 전생의 죄값으로 돌리고 회개하지 않는다. 그러므로 기복신앙이 팽배하여지며 허무하고 숙명론에 빠지고 만다.

그러나 기독교에서는 죄에 대하여는 철저하게 회개하므로서 하나님의 절대주권에 순종하면서 그의 뜻대로 살아 가려고 노력하므로 재난을 극복할 수가 있다. 각종 대형 사고가 우리 주변에서 쉴사이 없이 일어나고 있다. 이 재난을 당한 우리와 이웃들이 불교에서처럼 소극적이며 전생의 업보로 돌리고 아무런 노력도 하지 않는 허무주의에 빠져있으면 재난을 불러 일으킨다.

그러나 예수님의 재난에 대한 위대한 교훈은 죄값으로 돌리면서 죄를 따지면서 운명론에 빠지지 말고 회개하므로서 마음을 새롭게 하여 하나님의 뜻대로 살아갈 때 어떠한 어려운 재난이 휘몰아쳐 오더라도 극복해 나갈 수 있는 새로운 힘이 솟아날 것이다.

우리의 몸이 성한 것은 하나님의 은혜

　　서울의 도심 한가운데 세워진 장애자 체육대회의 선전물을 보고 급변하는 사회의 한 단면을 보고 필자는 자못 감회가 깊었다. 신은 사람을 멸시나 천대는 하지 않지만 사람은 사람을 멸시도 하고 천대도 하며 학대도 한다. 그것도 가장 가까운 관계에 있는 사람들이 잔학 행위를 서슴치 않곤 한다.

　　옛날부터 신체 장애자는 무슨 큰 죄나 지은 것같이 천대해 왔다. 약간의 인정이 있는 사람은 값싼 동정을 보내는 정도로 인간이 할 일을 다한 것같은 착각을 하기도 했다. 사람들은 장애자를 보고 "신체가 부자유스럽지요?"라고 묻는다. 그렇지만 "신체가 활동하시기에 불편하시지요?"라고 묻는 사람은 드물다.

　　자유는 곧 바로 인간의 존엄성 내지 인격과 직결된다. 진정한 자유의 의미를 깨닫고 사는 사람은 몇 안되는 것같다. 불편한 것을 가지고 부자유한 것으로 오해하고 있으니 말이다. 신체중에 어느 한 곳 아니 몸의 전체가 장애를 가지고 있더라도 그는 자유를 누릴 수 있다. "진리가 너희를 자유케 하리라!"는 말씀대로 하나님을 알고 삶의 방향을 설정할 때 그는 어떠한 장애라도 마음껏 자유를 누릴 수 있는 것이다.

　　옛날에는 장애자를 가진 부모나 친척들은 죄인처럼 숨겨 왔다.

어찌 그뿐인가 장애자 자신도 눈물과 한숨과 자신을 향한 저주로서 폐쇄된 고독한 삶을 살아 왔다. 한술 더 떠서 사람들은 인류애(?)로써 장애자를 동정해 왔다. 그 결과 장애자들은 의뢰심만 생겼고 사람들은 같은 사람으로 취급하지 않고 애완동물보다도 못한 위치에서 동정과 연민의 정 정도만을 보여주었던 것이다.

그러던 것이 인권의 향상으로 요즘은 장애자도 상당히 사회의 일원으로서 인격적인 대우를 받고 같은 조건 하에서 사람들과 어깨를 겨루면서 경쟁 사회에서 정당히 맞서며 가정과 사회의 떳떳한 구성원으로서 그 위치를 확보하고 있다.

장애자는 죄인도 아니요 부끄러울 것도 없고 다만 시간과 공간의 사용에 약간의 불편이 있다는 것 뿐이다. 맑은 가을 하늘아래 장애자의 함성이 울려 퍼지는 체육대회를 생각하니 통쾌한 제 2의 인권선언과 같다. 우리는 장애자를 죄인 취급해서는 결코 안된다. 그렇다고 동정을 해서도 안된다. 우리와 똑같은 사람으로 진학, 취업, 제반 사회 생활에 있어서 동등한 기회를 부여해야 한다. 같은 인격자로서 대우해 주자는 말이다.

장애자에 대한 교훈으로서 불교와 기독교의 입장을 생각해 보자. 옛날 석가모니는 한 촌락을 지나 가는데 태어날 때부터 소경이고, 벙어리고 앉은뱅이인 거지를 만나게 되었다. 그 제자들이 석가에게 물었다. "스승님! 이 사람은 전생에 무슨 일을 하였기에 이렇게 한 가지도 아니고 여러가지 병신이 되어 있습니까?" 이 물음에 석가는 "여러 생을 두고 지은 업보(業報)니라. 이 사람은 아득한 옛날(前生)에 못된 산도적이었다. 하루는 이 산적이 칼을 들고 길가에 서서 지나가는 행인이 있으면 강도질 하려고 하였으나 지나가는 이가 한 사람도 없어서 가까운 마을로 강도질 하러 내려 갔다. 가는 도중에 소를 몰고 밭가는 농부가 있어서 그 사람을 털려고 "이놈 게 섰거라"하니 그 농부는 혼비백산하여 마을로 도망가면서 강도야！ 하고 고함을 질렀다. 이 농부의 "강도야！" 하는 고함 소리에 마을 사람들이 몽둥이와 창을 들고 자체 방어 태세를 취했다. 아무리 사나운 산적이지만 여러 사람을 당해낼 수가 없어서 그만 돌아서는데 농부가 버리고 간 소가 거만한 눈으로 쳐다본다. 이에 도적질 못한 강도가 화가 나서 칼로 그 소의 두눈을 찔렀다. 두 눈이 찔려 앞을 못보는 소가 이번에는 "음메！" 하며 울부짖으니까 칼로 소의 혓바닥을 싹둑 잘라 버렸다. 눈 찔리고 혓바닥 잘린 소가 고통이 심해 펄쩍펄쩍 뛰니 이번에는 그 뛰는 모습이 보기 싫어 칼로 소의 다리를 잘라 버렸다. 그래서 그 소는 보지도 못하고 울부짖지도 못하고 걷지도 못하게 되었다. 그 강도가 죽었다가 이 세상에 다시 태어났을 때 그 때 그 소에게 한 업보로 장님과 벙어리와 앉은뱅이가 되었다."고 설법하였다. 제자들이 "스승님！ 불쌍하니 우리가 먹을 것을 조금 줄까요？" 말하니 석가는 "그만 두어라. 그 죄업을 스스로 닦아야 하니 동정을 하게 되면 그 죄과를 빨리 보상할 수가 없단다."고 말하고 제자들과 함께 냉정하게 지나가 버렸다 한다. 지금 세계적으로 도축장에서 일하시는 분은 상당한 숫자에 이르는데 이 분들은 나중에 전부 장애자로 태어날 것인가？ 대자대비한 석가 자신이 그 죄업을 빨리 닦으라고 아무런 동정도 없이 몰인정하게 지나간단 말인가？ 그 장애자 거지에게 한 조각의 빵도 베풀 수 없는 것이 대자대비란 말인가？ 한마디로 자기 모순이며 웃기는 이야기다.

이번에는 기독교의 가르침을 한번 생각해 보자.
첫째 장애의 원인을 예수님께서는 어떻게 보셨는가？ 날 때부터 소경된 자로 보고 제자들이 예수님께 묻는다. "예수님！ 이 사람이 소경된 것은 본인의 죄입니까？ 부모의 죄입니까？" 예수님께서는 분명히 답변하여 주셨다. 이 대답의 말씀은 오늘날 이 지구상의 수많은 각 장애자에게 주시는 소망의 말씀이라고 생각한다. 예수께서 대답하시되 "이 사람이나 그 부모가 죄를 범한 것이 아니니 그에게서 하나님의 하시는 일을 나타내고자 하심이니라"(요 9 : 3). "이 병은 죽을 병이 아니라 하나님의 영광을 얻게 하려함이라" 고 요 11 : 4에 기록되어 있다. "너무 자고하지 않게 하시려고 내 육체에 가시 곧 사단의 사자로 주셨으니 이는 나를 쳐서 너무 자고하지 않게 하려 하심이니라."(고후 12 : 7)

둘째로 각종 장애와 질병을 치료하시는 하나님의 사역을 생각해 보자. "나는 너희를 치료하는 여호와임이니라"(출 15 : 26). "저가 네 모든 죄악을 사하시며 네 모든 병을 고치시며 네 생명을 파멸에서 구속하시고(시 103 : 3), 그가 채찍에 맞음으로 우리가 나음을 입었도다(사 53 : 5). "내 이름을 경외하는 너희에게는 의로운 해가 떠올라서 치료하는 광선을 발하리니"(말 4 : 2). "예수께서 말씀으로 귀신을 쫓아내시고 병든 자를 다 고치시니"(마 8 : 16~17). "믿음의 기도는 병든 자를 구원하리니 주께서 저희를 일으키시리라"(약 5 : 15). 기독교에서 장애자들은 하나님의 영광을 나타내려고 한다고 한다. 예수님께서는 육신적 장애뿐만 아니라 영적 장애도 고쳐 주셨다. 지금도 성령을 통해서 고쳐주고 계신다. 헬렌 켈러를 위시한 많은 장애자들이 주님을 믿고 하나님의 영광을 돌리는 큰 일을 얼마나 하였는지 모른다. 기독교의 가르침은 석가의 가르침처럼 죄악이라고 보지 않는다. 그야말로 예수님은 각종 장애자의 친구였다. 석가는 장애자에게 냉정하게 돌아섰다. 그러나 예수님은 많은 이적과 기사로써 장애자를 고쳐 주셨고 그 후에 성령 충만한 제자들도 권능으로써 많은 장애자를 고쳐 주었다. 어찌 그뿐인가? 지금도 각종 질병과 장애자가 낫는 신유의 은사가 있지 않은가? 예수님의 사역은 지구촌 곳곳에서 쉬지 않고 계속 일어나고 있다.

이 땅에 장애를 가진 본인이나 부모들이 절간에 찾아가서 수많은 재물을 허비해 가면서 불공을 드리고 있는 불교 신자가 적지 않으리라 생각된다. 석가 자신이 냉정하게 박대하고 포기한 장애자인데 어리석게도 수많은 재물을 낭비해 가면서 불공을 해 보았자 헛된 일이다.

예수님은 돈도 받지 않고 그냥 고쳐 주셨다. 이 예수님은 먼 역사 속의 예수님이 아니시다. 지금도 살아 계시며 여러분들의 주위에 가까이 계시면서 우리의 질병을 고쳐 주시려고 하고 계신다. 다만 우리는 12년 동안 혈루병을 앓던 여인이 예수님의 옷 자락을 잡듯이 예수님 품으로 뛰어 들면 되는 것이다. 먼저 보는 우리는 주변에 각종 장애로서 고생하면서 불신앙으로 혹은 불교와 무당을 찾는 그들을 참으로 장애자의 친구가 되시는 예수님께로 인도하자.

빛바랜 낙엽이 뒹구는 강변로를 걸으며 따스한 가을 햇살을 받고 열리는 장애자 체육대회. 눈물어린 그들의 함성은 현대를 살아가면서 장애자 아닌 장애자된 우리에게 하나님을 향한 찬송이길 빈다.

연작소설
별처럼 모래알처럼

○ 제 1 화

누워있는 파아란 나무

"기사 아저씨! 차를 돌려서 조금전에 지나왔던 교차로 앞에 세워 주세요"

"여기는 혜화동이 아니고 장위동입니다"

"내가 혜화동에 가야 하는데 중간에 급한 볼 일이 있어서 그러하니 수고스럽지만 부탁합니다"

지난해 무덥고 긴 7월의 자정이 가까와진 시간에 일어난 사건이다. 나는 청량리 근처의 어느 교회에서 1일 부흥집회를 인도하고 개인 택시를 타고 혜화동 집으로 돌아가다가 순간적으로 어떤 간판을 보고 나도 모르게 장위동에서 도중 하차하였다.

택시를 타고 지나 가는데 어느 생맥주집의 간판에 "나무야 누워자라"는 글자를 보고 순간 머리를 스쳐 지나가는 사연이 있어서 차에게 내려 그 생맥주집 앞에 멈추어 섰다. 내가 교회 전도사로서 생맥주 가게에 들어 갈 수도 없고 난감해서 서성거리고 있었다. 젊은 몇 쌍이 들락날락 하고 있었다. 혼자 그 맥주홀을 찾아 들어가는 젊은 친구 하나를 붙잡고 "대단히 미안합니다. 안에 들어 가시거든 주인장 좀 보자고 일러 주시구려. 밖에 손님이 기다린다고 말입니다"

조금 있으니까 작달만한 키의 삼십대의 장년이 나와서 "저를 찾으신 손님이십니까?"하면서 나 있는 쪽으로 고개를 돌려서 쳐다 보았다.
　순간 나는 어디서 많이 본 얼굴이라고 생각되어졌다. 그 생맥주 홀의 주인 양반 나를 쳐다 보는 순간,
　"아, 아! 선생님!"하면서 나 있는 쪽으로 급히 달려와서
　"선생님! 정말로 뵙고 싶었습니다. 이밤 늦은 시간에 어인 일입니까?"
　나는 그 순간에 그러면 그렇지 내 찰나의 영감의 판단이 틀리지 않고 정확하게 맞아 떨어졌다는데 안도감보다는 순간 몸이 오싹하도록 두려운 생각이 들었다. 내가 그 주인인 전재영군을 만난 것은 20년전의 일이다.
　필자는 경북 울진의 어느 산골 암자에서 수도에 전념하던 스님 시절이었다. 그 당시에는 대학 출신들이 시골 벽지학교에 선생님으로 부임하지 않아서 항상 산간 벽지 학교에는 선생님이 없었다.
　산골 화전민 자녀들이 대부분인 이 학교 학생들이 수업을 제대로 받지 못해서 안타까워 할 때에 마침 나는 경북대 수학과를 졸업하여 '준교사' 자격증을 하나 신청해서 받아 둔 것이 있었다. 산골 절간에서 참선과 수도도 좋지만 어린 학생들을 그냥 둘 수가 없어서 내가 그 벽지 분교 중학교에 선생님으로 부임하게 되었다.
　전재영 군의 아버지는 농토 하나 없이 산판의 노동자로 혹은 산을 누비면서 약초를 캐어서 근근히 생활하고 있었다. 어머니는 일찍 돌아 가시고 계모 밑에서 배다른 동생 여럿이 근근히 어렵게 생활하고 있었다.
　3월초 입학 사무를 보고 있는데 전재영 군의 아버지 전영덕 씨가 찾아와서 나를 조용히 만나자고 하였다.
　"선생님! 어미 없이 자란 재영이를 꼭 중학교에 보내고 싶습니다. 그런데 입학금과 책 값이 없어서 그렇습니다. 어떻게 입학을 시켜 주시면 제가 학교에 그 값어치 만큼 일을 해 드리겠습니다"

나는 무어라 대답하지 않고 옆에 있던 그 지방 사람으로 고용원 즉 소사 임주사에게 고개를 돌렸다.

임주사는 "선생님! 전영덕씨는 술을 제대로 할 줄 모르는 착실한 사람인데 너무나 가난해서 그렇습니다. 마음씨가 착합니다"라고 하였다. 나는 산골의 빈곤한 산판의 벌목군이 돈이 없어서 자식을 학교에 못보낸다 하니 약간 가슴이 답답해졌다.

서무 선생에게 "전재영 군의 입학 수속금은 내 봉급에서 지불할 터이니 입학수속을 밟도록 하십시오"

서무 선생은 "분교장 선생님이 봉급에서 입학금을 내겠다 하시고, 육성회비는 감면 티오가 있으니 육성회비는 감면 조치 하겠습니다"

이 광경을 지켜보고 있던 도서 담당 선생님이 "교과서는 매년 교사용으로 새것이 나옵니다. 선생님들은 전년도에 사용하시던 헌 교과서를 교재로 쓰시고 새것 한권씩을 전군에게 주었으면 합니다" 이렇게 해서 조그마한 분교의 전체 선생님들의 협력으로 전재영군은 어엿한 중학생이 된 것이다.

벽지 학교의 어려운 점은 예·체능 선생님이 부임하지 않아 아이들 교육에 막대한 지장이 있어도 어떻게 될 방도가 없는 것이다. 미술에 전혀 캄캄한 내가 미술 과목을 맡게 되었다. 하루는 미술시간에 밖에 나가서 그려 보라고 하였다.

전재영 군은 '누워 있는 파아란 나무들'을 그리고 있다.

"야, 이녀석아 나무가 죽은 나무로 있지 않은데 이렇게 시퍼런 나무를 왜 눕혀 놨니?"

"선생님! 나무가 하루도 아니고 몇 십년을 저렇게 서있으니 다리가 아플 것 같아서 좀 누워 쉬라고 이렇게 그렸습니다"

순간 나는 그 순진한 마음씨에 끌려서 "그래도 그렇지 나무는 서 있어야 제 구실을 하는 거야"

"선생님! 나무는 한 곳에 오래 오래 서 있어 푸른 하늘을 바라보며 사람들에게 너무나 좋은 것을 주고 있잖아요. 그래서 좀 쉬었으면 하고 이렇게 그렸습니다." 그렇다. 사람이 나무를 본 받으면 이 사회가 얼마나 아름다울까? 비록 현재 처한 환경이 어렵지만 한곳에 오래 오래 믿음직스럽게 우뚝 서서 희망찬 푸른 하늘을 바라보면서 인간에게 유익만 주는 나무의 삶을 살아 간다면 사람들에게는 희망이 넘칠 것이다.

전군이 중학교를 졸업했다. 나는 대구에 있는 서점에 점원으로 일자리를 알선하여 주었다. 통신고등학교를 다니는 것을 보고 그 후에 어떻게 되었는지 소식이 끊겼다.

그동안 나도 많이 변했다. 불교 스님에서 예수 믿게 되었고, 신학을 공부하면서 전도사로 부흥집회를 가끔 인도한다. 그러다가 '나무야 누워 자라'라는 간판을 보고 전재영 군을 만나게 된 것이다.

그동안 전군은 군에 갔다 온 후에 안해 본 장사없이 여러가지 일을 닥치는대로 하다가 이곳에 와서 생맥주 집을 운영하게 되었는데 간판은 어릴 때 꿈인 '누워있는 나무들'을 생각해서 붙였다는 것이다.

우리는 실로 오랜만에 사제지간에 만나서 많은 이야기를 하였다. 나는 결국 술장사를 그만두고 예수님을 믿어 보라고 하였다. 그로부터 6개월 가량 지난 후에 내가 개척하고 있는 '우리들 교회'에 전재영 군과 그의 부인 그리고 남매가 주일 예배 시작 10분전에 찾아왔다. 예배후 성도들이 다 돌아간 뒤에 전군 가족과 우리 부부가 한 자리에 앉았다.

"선생님이 다녀가신 그 후로 생맥주 홀을 정리하였습니다. 역시 산골 출신이라 과천 근처에서 화원을 하나 인수하였습니다. 비록 좁은 공간에서 비닐 하우스 속이지만 나무와 꽃과 돌을 바라 볼 수 있고 만질 수 있어서 삶의 보람을 느낍니다. 생맥주 홀의 담배연기 속에서 시끄럽게 떠드는 소리들을 듣다가 정말 제가 설 곳을 찾은

〈연작소설〉 별처럼 모래알처럼 181

것 같습니다"
 "참 잘 하였네, 그런데 수입은 생활을 유지할 만큼 되는가?"
 "선생님! 수입도 그런대로 땀 흘리고 노력한 만큼은 있습니다"
 "그것 다행이구먼, 그런데 오늘 교회는 어떻게 오게 되었는가?"
 "세상 사람들은 주일날 등산이다, 낚시다 하면서 산과 강을 찾아 가지만 우리집 주변 전체가 산과 강, 바다 자연을 그대로 옮겨다 놓은 것 뿐입니다. 그래서 자연을 찾을 필요는 없고 선생님을 찾아서 교회에 나오기로 하였습니다"
 "날 찾으러 교회에 오지 말고 하나님을 찾으러 교회에 나와야 하지 않은가? 아무튼 잘 결심하였네, 그러나 과천에서 여기 미아리까지는 상당한 거리인데도 어떻게 다니려 하나. 그 근처에 가까운 교회에 나가도 좋을 것인데!"
 "선생님! 저는 중학교 졸업식을 잊을 수가 없습니다. 우리가 다니는 중학교는 분교라서 교장직인이 없었지요. 그 해에는 많은 눈이 내려 교통이 두절되었는데도 선생님께서는 80리(32킬로)를 눈속을 걸어 가서 졸업장에 본교의 학교장 직인을 찍어 다시 눈길 80리 길을 걸어 오시느라 3일이 걸렸지요. 우리들에게 백지 졸업장을 주지 않고 학교장 직인이 있는 빛나는 졸업장을 주시기 위해서 눈보라 속을 걸어 갔다 오신 선생님! 눈길로 인하여 졸업식장에 많은 손님들도 참석하지 못했습니다. 그러나 그 졸업식은 정말로 빛났습니다. 과천에서 아무리 거리가 멀더라도 교회에 꼭 나오겠습니다."
 "고맙네, 그러나 성경공부하고 신앙이 자라 가야 할텐데" 옆에서 대화를 듣고 있던 나의 동역자인 집사람이 말을 거든다.
 "전 선생님이 화원에서 꽃을 가꾸듯이 아마 믿음도 잘 자라 갈 거예요"
 "아무튼 전능하신 하나님께서 그렇게 하여 주실거야" 나는 전재영

군을 볼 때마다 울진의 그 산골에서 티없이 자라 가던 그때의 제자들의 모습을 그려보곤 한다.

'누워있는 파아란 나무' 같은 그 아름다운 마음들을 생각한다.

○ 제 2 화

반딧불 교실

    목회자들은 월요일이 쉬는 날이라고 하지만 개척교회 목회자들은 월요일이 더욱 바쁜 날이다. 주일날 헌금을 은행에 입금시켜야 하고, 보조장부 정리와 각종 세미나도 참석해야 하니까 월요일은 쉬는 날이 아니고 바쁘게 시작되는 한 주일의 첫째날이다. 작은 개척교회 목회자들은 사찰 집사일까지도 해야 하니 1인 4역 내지 5역을 하는 날이다.
    월요일 오전, 은행에는 고객이 많아서 줄을 지어 서서 차례대로 일을 보아야 하는 경우가 종종 있다. 지난해 1월 어느 월요일 혜화동 로타리 근처의 C은행에 교회의 헌금을 입금시키려고 창구앞에 줄을 서서 차례를 기다리고 있었다. 그때 안에 앉아서 일을 보고 있던 차장이 내가 서 있는 근처로 오더니 "선생님! 이리 안으로 들어 오십시요"한다. 순간 나는 내가 선생님 했던 것을 아는 사람이었을까. 혹시 잘못 본 것이 아닐까 궁금해졌다. 은행의 응접실에 앉아서 일을 보는 사람은 많은 액수의 예금 거래를 하는 VIP(귀빈)일 것이다. 나같이 개척교회 목회자로서 한 주일 헌금이라야 고작 십여만원 내외인데 왜 안으로 들어 오라 할까? 서먹 서먹한 마음으로 안으로 따라 들어갔다.
    그는 "선생님! 정말 오래만입니다. 어떻게 저희 점포까지 찾아 오셨습니까! 댁이 근처입니까!"한다. 그러면서 자기 이름은 송인호라며 나의 제자라고 했다. 그제서야 송인호군의 얼굴이 생각 났다. 너무 반가왔다.
　"나 이 혜화동에 있는 조그마한 교회 전도사라네. 어제 주일, 성도들이 헌금한 것을 예금하러 왔네"
　"선생님! 그것 이리 주십시오. 창구의 직원에게 부탁해서 정리해 드리겠습니다. 저도 예수님을 믿고 살고 있습니다."
　"그으래! 송차장 반갑네"
　옛날에 교직생활한 보람을 오늘에야 맛보게 되는가 보다. 옛날 제자를 만나 은행에서 VIP대접을 받게 되었으니까 말이다.
　내가 송인호 차장을 만난 것은 십오륙년 전의 일이다. 그 당시 대구의 D상업고등학교 교사로 재직하고 있었다.
　그 학교는 주・야간이 있는, 선생님의 수만하더라도 백여명이 넘는 큰 학교였다. 선생님들끼리도 서로 얼굴을 모르고 이름도 모른채 지내는 수가 많아 친한 사람 몇몇분들만 얼굴을 알고 지낼 정도였다.
　하루는 평소에 친하게 지내던 오선생님과 이선생님이 조용히 의논할 일이 있으니 퇴근후에 좀 만나자고 하였다. 그 선생님들의 이야기인즉 금년도 입학한 1학년 학생중에 아주 딱한 학생이 하나 있는데 어떻게 하면 좋겠느냐는 것이었다.
　학생의 이름은 송인호군인데 경북의 북단인 영양에서 겨우 중학교를 졸업하고 D상고 야간부에 입학하였는데 막상 대구에 오니 자취방 하나 얻을 돈이 없었다. 그래서 학교의 강당 한 코너에서 자고 있다는 것이었다.
　송군은 아침 일찍 신문 배달을 하고 낮에는 일자리를 구하러 다니고 있다는 내용이었다. 교직원들 사이에서 어느 정도 분위기가 좋게 돌아가고 있으니 교직원회의 때 내가 한번 거론해 달라고 하는 부탁이었다.

교무회의에서 나는 딱한 송군의 처지를 설명했다. 선생님들은 야구부, 럭비부, 데니스부가 있으니 그 운동 선수들의 탈의실 하나를 비워서 송군의 숙소로 제공하기로 했다. 신문배달을 마친뒤 낮에는 변호사 사무실에 사환으로 취직까지 알선해 주었다. 그후 송군은 3년 과정을 잘 마치고 은행시험에 무난히 합격하였다. 졸업을 앞둔 어느 가을날, 송군은 나에게 상담할 일이 있다고 왔었다.
"선생님! 저는 은행원보다 학교 선생님이 되었으면 합니다"
"나중에 돈을 벌어서 사범대학이나 교육대학에 진학하면 될 것일세, 자네는 머리도 좋고 성취욕이 강하니까"
"그런 정규 교사도 좋지만 불우한 학생들을 위한 야간직업학교 선생님이 되었으면 합니다. 사람을 가르치는 것은 무척 힘들겠으나 보람이 있을 것 같아서 그렇습니다.
"사람을 지식으로 가르쳐선 안되네. 사람은 사랑으로 가르쳐야 하네. 인격을 가르치고 인간을 가르쳐야 되는 것이라네"
그 후에 십수년간 서로 소식을 모르다가 이렇게 우연히 만났다. 지난해 5월 어느날, 송차장의 가정에 초대를 받게 되었다. 나는 은행의 차장이니까 호화로운 집에 사는 줄 지레짐작했다. 그런데 혜화국민학교 뒷골목으로 해서 산동네로 올라간다. 점점 내 머리 속의 생각이 빗나가기 시작하였다.
이윽고 지붕을 슬레이트로 덮은 산 동네 집치고는 꽤나 넓은 집앞에 섰다. 문패는 보이지 않고 '반딧불 교실'이라는 자그마한 간판이 걸려 있다. 송차장의 안내로 방에 들어가 앉았다.
"선생님! 저 이렇게 살고 있습니다"
"아, 이렇게 살면 되었지, 반딧불 교실은 뭐꼬?"
"선생님! 정말 뵙고 싶었습니다. 좋은 음식점에 초대 못해서 죄송합니다. 저녁을 드시면서 직접 보시면 아시게 됩니다"
송차장의 부인은 조촐한 저녁상을 차려 왔다. 그런데 그 부인은

어릴때 소아마비로 한쪽 다리가 불편한 장애자였다. 이 부부의 이
야기로 나는 모든 것을 알게 되었다. 송차장과 그 부인은 한 마을에
살았는데 송군이 학교 1년 선배였다.
　국민학교 5학년부터 중학교까지 송군이 지금의 부인이 된 후배를
자전거에 태워서 통학을 시켰다고 한다. 송군은 중학교를 졸업하고
D상업고등학교를 나온뒤 은행에 들어갔다. 그 부인은 중학을 졸
업하고 바로 양재학원에 가서 기술을 배워 지금은 시내에서 양장점을
경영한다고 한다. 얼마나 아름다운 순애보(純愛譜)인가?
　요즈음 젊은이들의 쉽게 만났다가 쉽게 헤어지는 그런 사랑과는
너무나 대조적이었다. 인간의 깊은 내면에서 흘러 내리는 순수한
사랑이라고 느껴진다. 거기다가 신앙까지 가졌으니 그 아름다움의
깊이를 측량할 수도 없다.
　"선생님! 제가 공부하다가 지쳤을 때 저 사람의 격려가 컸습
니다."
　송차장은 부인의 도움과 격려로 야간대학 경영학과를 졸업하였
으며 믿음으로 성실히 살아온 결과 다른 사람보다 승진이 빨랐다고
했다. 저녁을 먹고 대화를 하다가 보니 8시 30분 가량 되었다. 뒷편의
20여평짜리 교실에 학생들이 모이기 시작했다.
　남·여 30여명쯤 된다. 수업은 오후 8시 30분부터 11시 20분까지,
1교시 40분으로 4시간 한다고 한다. 중학교 과정의 중요과목과 여
학생들에게는 기술교육으로 부인이 양재를 가르치고 남학생들에게
는 상업을 가르친다고 한다. 학생들은 가난한 가정의 근로청소년들이
대부분이라고 했다. 여학생 가운데는 가정부도 더러 있었다. 대개
직장의 퇴근 시간이 늦어져서 첫교시 수업을 8시 30분으로 하였다는
얘기였다.
　수업연한은 1년이고, 교사로 수고하시는 사람들은 송차장과 같이
근무하는 은행원, 동사무소 직원, 파출소 순경, 산 동네 살면서 시

장에서 지게를 지는 학사 지게꾼도 있다고 했다.
 '반딧불 교실' 출신으로 시내에서 어엿한 양장점 주인이 된 사람도 있다고 했다. 철공소 사장에 슈퍼마켓 사장 등등 다 건실하게 살아가고 있으며 검정고시에 합격해서 정규학교에서 공부하는 졸업생도 있다고 한다.
 "이제 보니 송군은 밤에는 학교 교장선생님이고 낮에는 은행의 차장이라, 참 멋있는 인생일쎄"
 "과찬의 말씀입니다. 선생님! 이 사회의 어두운 곳에 반딧불처럼 주님의 사랑의 빛을 실천하려고 시작했습니다"
 "신앙교육은 어떻게 하는가?"
 "조금 전에 선생님께서 보신 바와 같이 간단한 예배로 시작해서 예배로 하루의 일과를 마칩니다"
 "양재 교육은 가능하겠지만 그 어려운 상업교육은 어떻게 하고 있나?"
 "선생님! 제가 은행에 있어 보니까 사람은 참 어리석습니다. 큰 회사 사장입네, 회장입네 하는 사람들 남의 돈을 겁낼줄 모르고 잔뜩 욕심을 부리다가 부도가 나서 처참하게 망하는 것을 너무나 많이 보았습니다."
 "그럴테지! 그것이 우리 경제의 취약점이 아닌가"
 "경제의 취약점이 아니고 욕심으로 인한 사람의 취약점입니다"
 "그래서?"
 "저는 절대로 욕심부리지 말고 차근 차근히 쌓아 가라고 가르칩니다. 남의 돈을 겁을 낼줄 알라고 가르치고 자기의 노력, 자기의 자본으로 성실하게 살아 가는 것이 상업의 근본이라고 교육합니다"
 "그것 참 멋진 상업교육 이론이네!"
 "선생님 우리 사회에서는 수단가리지 않고 돈을 벌려고만 생각합니다. 그러나 성실히 살아가면서 남에게 줄줄도 알고 그 노력의 정당한 대가를 받을 줄 아는 교육이 필요한 것 같습니다"
"이제 보니 자네는 은행의 차장이 아니라 위대한 교육 이론가네!"
"선생님께서 십수년전에 저에게 하신 말씀을 지금도 잊지 않고 있습니다. 사람을 지식으로 가르치지 말고 사랑으로 가르쳐야 하며 인격을 가르쳐야 한다는 말씀 말입니다."
나는 밤 하늘의 빛나는 뭇 별들을 바라보면서 산 동네를 내려오고 있었다.
'반딧불 교실'에서 수업을 마치는 예배의 찬송 소리가 들려 온다.
"어둔밤 쉬 되리니 네 직분 지켜서……"
송인호군은 마침내 어릴 때의 꿈을 실현하였다.
산 동네의 작은 '반딧불 교실'의 그 밝은 빛이 이 땅의 어둠 속을 방황하는 뭇 사람의 가슴 속에 길이 비추어지는 등대가 되기를 빌어본다.

○ 제 3 화

밤 손 님

 "너 이놈! 여기 어디라고 들어왔어? 꼼짝 마라." 밖이 소란하면서 숙직원 이광범씨가 어떤 젊은이의 멱살을 잡고 숙직실로 끌고 왔다.
 "선생님! 이놈이 상업실천실에 훔치러 들어가는 것을 내가 순찰하다가 잡아 왔습니다"
 그 젊은 친구는 도둑치고는 너무나 야위어 있었고 힘이 없어 보였다. 이것은 내가 20년전에 대구의 어느 상업고등학교에 교사로 있을 때 겪은 일이다.
 이광범씨. 통칭 '이주사'가 학교를 순시하다가 상업실천실 문앞에서 이 파리한 친구를 잡아들여 왔다. 상업실천실에는 타자기, 전자계산기 등 약간의 기구들이 있었다.
 "선생님! 이놈을 당장 파출소에 인계합시다요"
 그러나 50대의 비만형에 운동신경이 비교적 둔한 이주사에게 잡혀올 정도의 도둑이라면 도둑치고는 너무나 허약하고 무슨 사연이 있으려니 생각하며 나는 그 젊은 친구를 자세히 쳐다 보았다. 영양실조에 시달린 파리한 모습이었다.
 "이주사 가만히 있어요. 파출소는 나중에 보내도 되니까 우선 이 친구 사연이나 들어 봅시다"

"사연을 듣고 자시고 할것 없이 바로 옆에 파출소가 있는데 집어 넣읍시다"
 이 주사는 아까 숙직실에서 같이 약주도 한잔 하였는데 술 기운이 있어 그런지 아주 개선장군처럼 당당하게 큰 소리 친다.
 "이주사는 숙직실 문앞에 잘 지키고 있어요. 너 이방에 좀 들어와! 밖이 차가우니까 빨리 들어와"
 3월 신학기가 시작된지 불과 2주일 지났으니 이른 봄이라 밤 기온이 제법 쌀쌀하였다. 그 젊은이가 방으로 들어와서 윗목에 앉았다.
 "너, 어떻게 된 사람이야 타자기 같은 것 가져가도 고철값 밖에 쳐주지 않는데 그걸 훔치러 왔어? 자네 사연이나 한번 이야기 해보지. 내 보아서 파출소에 보낼 수도 있고 보내지 않을 수도 있지"
 이주사는 재미있다는 듯이 숙직실로 들어 왔다.
 "우선 배가 고프지. 여기 먹다 남은 양장피와 잡채 요리가 있는데 먹지"
 이주사는 저녁에 중국집에서 술안주를 시켜서 먹다 남은 음식을 그 젊은 도둑씨에게 내민다. 그 친구는 체면없이 음식을 먹고는 나를 쳐다 보면서 입을 연다.
 "선생님! 저를 파출소로 보내지 않겠지요"
 "너, 지금 나가면 통행금지에 걸려. 솔직하게 이야기하면 아침 일찍이 그냥 돌려보내 주지"
 이 친구 눈물을 흘리며 자기 인생의 드라마를 연출한다. 경상도 문경 두메산골에서 부모님 일찍 돌아가시고 삼촌 밑에서 천덕꾸러기로 자라면서 국민학교를 졸업하고 무작정 대구에 와서 식당 종업원, 공장 등에서 일하며 야간 중학교를 졸업하고 야간 고등학교까지 다녔는데 주변에 불량한 친구들과 어울리다 보니 소년원에 가게 되었고, 드디어는 절도 폭력 등으로 교도소를 드나들게 되었다.

그러나 인생을 바로 살아 보려고 마음을 단단히 먹고 건축 공사장의 막노동을 하는 인부로 전전하게 되었는데 그때 지금의 처를 오다가다 만났고 비산동 산 동네의 단간 월세방에 새 살림을 차려 행복하게 살아보자고 다짐을 하였다.

3년전에 같이 한탕한 것이 뒤늦게 발각되어 또 교도소 신세를 지게 되었는데 자기 처와 이웃 사람들의 진정서가 담당 검사에게 들어가서 정상이 참작되어 8개월의 징역을 언도 받고 복역하고 출감한지가 20일 밖에 되지 않았다는 사실과, 단간 셋방에 돌아와 보니 만삭이 된 처의 해산날짜가 다 되었는데 양식은 떨어졌고 방에 연탄을 못 피운지가 20일이 되었다는 내용이었다.

"선생님! 저야 교도소에 가면 잘 먹고 편안히 지낼 수 있으나 제처와 뱃속에 아기는 죽고 맙니다. 선생님 한번만 용서하여 주십시요."

그 당시에 불우이웃돕기로 학생들에게 봉투에 쌀 한줌씩을 모아둔 것이 있었다. 학생들이 몇 천명이라 숙직실 앞의 빈공간에 쌀이 몇 가마 쌓여 있었다.

"이주사, 자루에 쌀 한두어말 쯤 넣으시요. 그리고 이주사는 내가 택시비 줄테니까 그 쌀 자루를 가지고 이 젊은 친구집에 갔다 주고 오시요. 이 친구 말이 사실인가 확인해 보시고 나중에 이야기해 주시요. 이 밤손님에게 쌀 퍼주었다고 학생과장이나 교감, 교장 누구에게도 이야기하지 마시고 비밀을 지켜 주기 바랍니다"

"앗따, 선생님 마음 압니다. 아무에게도 이야기 하지 않겠습니다"

나는 그 젊은이를 쳐다보면서 보충수업 강사료 받은 돈을 손에 쥐어 주며 "내 더는 말하지 않겠고, 굳세게 잘 살아 보시요. 어서 가 보시요" 하면서 이주사와 같이 보냈다. 한시간 정도 지났을 때 이주사는 돌아왔다.

"선생님 그 사람 참말 입디더. 정말 딱해서 못 보겠십디더. 내

주머니에 막걸리값 몇푼 있던 것도 연탄 사라고 주고 왔습니다. 정말 파출소 안 보낸 것이 잘 한 일이라예"

"나 때문에 괜히 이주사가 돈을 썼구먼"

"선생님 파출소가, 법이, 형무소가 사람을 바로 잡을 수 없는 거라예, 나는 이번에 많이 느꼈십니더"

두어달 지난 후에 그 친구가 나를 찾아 왔다.

"선생님, 염치 없는 부탁입니다. 포장마차를 하니 옛날 교도소 친구들이 와서 공짜 술을 먹으면서 한탕 하자고 유혹을 해옵니다. 어디 건축회사 아는데 있거든 막노동이라도 좋으니 일자리 알아 보아 주십시오."

내가 알아 보겠노라고 하고 돌려 보냈다. 이주사를 통해서 '밤손님'에 대한 이야기가 교직원들 사이에 알려지게 되었다. 동료 교직원들이 나를 보고는 '도둑님의 형님'이라는 별명을 붙여 주었다.

나는 고등학교 동창인 K건설 이사장을 찾아가서 그 젊은이의 일자리를 부탁하였다. 이사장은 전과자라고 선뜻 허락하지 않았다.

"이사장! 전과자도 사람이네. 한번 써보게. 사람답게 살려고 몸부림 치고 있네. 어떻게 선처 좀 해주게"

"내 자네의 모처럼 부탁이라서 채용하겠네. 현장옆에 가건물을 지어 놓고 낮에는 막노동을 시키겠고 밤에는 현장을 지키도록 하겠네"

그리고 1년의 세월이 흘렀다. 수업을 마치고 교무실에 돌아오니 박양이 K건설 이사장으로부터 전화가 왔는데 꼭 전화해 달라는 전갈이었다.

"이사장! 날세, 그동안 잘 있었는가?"

"자네 반갑네. 오늘 저녁에 내가 저녁을 대접하면서 고맙다는 인사를 해야겠네"

나는 약속 장소에 나갔다. 이 사장은 저녁을 같이 하면서 들려

준 이야기는 그 '밤 손님'에 대한 것이었다.

"자네, 정말 사람보는 눈이 있어. 그친구 여간 열심이 아니네. 일년 가까이 지켜 보았는데 너무나 일을 열심히 해주네. 그 부인은 현장에 떨어진 못을 줏어다가 굽은 것은 바로 펴고 나무조각 하나 버리는 일이 없이 알뜰하게 해주고 있네. 처음에는 일시적으로 잘 보이려고 눈가림으로 하는 줄 알았네.

그러나 그것이 아니고 진심으로 열심히 하고 있네. 그래서 내가 물었지.

'어떻게 그렇게 열심히 하는가?' 그랬더니 그 친구 대답이 멋이 있었네.

'교도소에서는 일도 시키지 않고 인간으로 대접하지 않는데 이렇게 인간답게 대우해 주고 일을 시키니 얼마나 고맙습니까? 저도 인간이 되려고 일을 합니다' 그러더군. 자네, 그 친구 대답이 멋있지"

"그래서 어떻게 하기로 했나?"

"내가 자네를 부른 것은 그 친구 아들 녀석이 돌이 다 되었기에 여기 50만원 선불입한 교육 보험보증서를 자네가 좀 전해 주게. 내가 주면 서로 곤란할 테니까. 내 이름을 절대로 밝히지 말고 전해주게. 그리고 자네도 알아야 될 일이지만 그 '밤 손님' 이름이 무엇인지 자네는 모르지 황상성 군이라네. 자네가 근무하는 학교 야간부를 졸업하였다네. 그날도 학교에 도적질하러 간 것이 아니라 마음이 괴롭고 옛날 학창시절의 모교가 그리워서 찾았다네. 출세한 동창생은 낮에 어깨에 힘주면서 모교를 방문하지만 그렇지 못해서 밤중에 찾아가서 서성 거리다가 잡혔다네"

"이사장, 나도 모르는 일을 자네가 알아서 전해 주니 고맙네. 잘못 판단했으면 나는 그날 황군을 도둑으로 몰아 다시 교도소에 넣고 그 가정을 파탄시킬뻔 하였네"

일주일쯤 지난후에 나는 황군 아들의 돌잔치에 초대 받았다.

"선생님. 오늘 아침에 우리 가족 모두가 교회에 새벽기도 갔다 왔습니다. 그 동안에 예수를 믿어도 엉터리로 믿었고, 교도소에서도 목사님의 설교를 그저 건성으로 들었습니다. 나를 지켜 주시고 앞으로 우리 가정을 지켜 주실 분은 하나님 밖에 없다고 생각하고 교회에 다시 나가기로 했습니다."

"그것 반갑군. 잘 살아보게"

나는 이사장이 준 교육보험증서를 이름도 밝히지 않고 주고 돌아서 나왔다. 학교의 쉬는 시간에 동료 교사들이 그 '밤 손님'을 생각하고 나에게 '도둑님의 형님'이라고 부르면 나는 그들에게 한마디 하여 주었다.

"나는 도둑님의 형님이지만 여러분은 도둑을 가르친 도둑님의 선생님이고 그리고 이 학교는 도둑님을 배출한 학교입니다"

그날 이후로 나는 숙직할 때에 간혹 이런 생각을 하곤 하였다. 그늘진 곳에서 삶에 지친 졸업생이 "선생님!"하고 숙직실문을 열고 들어오는 '밤 손님'이 있었으면 하였다.

○ 제 4 화

방울 스님과 호떡 권사님

 원컨대 이 종소리가 온 누리에 울려 퍼져서 쇠로 둘러싸인 어두운 지옥이 다 밝아지리라. "나모 앗다 시리남 삼약 삼못다 구치남. 옴 아자나 바바시 지리 지리 훔"(지옥이 깨뜨러 지는 진언 : 이 주문을 외우면 지옥을 깨뜨려 진다는 것). 내가 방울스님을 만난 것은 서울의 삼각산에 있는 어느 암자에 잠시 머물고 있을 때였다.

 방울스님은 위의 주문대로 우렁찬 소리로 아침 예불을 하고는 "야이 못난 중들아, 사바 세계의 중생들은 다 죽어 가는데 이렇게 늦잠만 잘 것이여! 물고기 잡아서 방생(放生 : 고기를 강물에 놓아 주므로 살생한 죄업을 없이 한다는 것) 하지 말고 세간에서 죽어가는 인간방생을 해야 될 것 아니여. 중들이 게으르게 늦잠이나 자면서 신도들이 갖다 바치는 것 언제까지나 날름 날름 먹고 있을 것이여. 빨리 세상으로 인간 방생하러 나가!"

 벼락치는 큰 소리로 냅다 고함을 치고는 바랑을 메고 산문(山門) 밖을 떠나가는 괴짜 방울스님을 처음 만났다. 들리는 소문으로는 방울스님은 한때 모 대학의 교수였다고 한다. 자녀들은 의사로, 교수로 자립을 하고 난 후 부인을 사별하고 오십대 후반에 뒤늦게 출가(出家)하여 스님이 되었다고 한다. 방울스님은 하루 종일 거리에서 탁발을 한다고 한다.

저녁에는 그 탁발한 돈이나 곡식을 가지고 빈민들이 사는 산 동네를 찾아가서 발길 닿는대로 아무 집에다 부어 주고는 돌아 나온다는 괴짜 스님이다.
그러면서도 자신은 수원의 어느 빈촌 마을에 방 한간을 마련하였다. 방이라야 움막이고 토굴이다. 이 움막집에서 장애자인 벙어리 일곱살 난 사내아이를 하나 키우고 있다. 어느 눈오는 몹시 추운 겨울날, 세살짜리쯤 되는 벙어리 아이가 굶주려 떨고 방황하여 죽어가는 것을 데려다가 지금까지 키우고 있다는 것이다.
내가 방울스님을 찾아 갔을 때는 후덥지근하게 무더운 여름 밤이었다.
"스님이 계시는 곳은 바로 법당이고 요사채(승려들이 거처하는 곳)입니다. 그런데 왜 부처님을 모시지 않았습니까? 조그마한 목불(木佛)이라도 모셔 놓아야만 제가 예경(禮敬 : 예배와 경배)할 것이 아닙니까?"
"이 사람 혜경이. 우리 요사채에는 부처 중의 부처님인 생불(生佛 : 살아있는 부처)이 있다네. 말못하는 이 애가 바로 부처님이라네"
"아니, 스님의 심정은 압니다마는 그렇지만…"
"그러나가 아니라네. 석가모니도 인간공양하고 인간 방생하라고 하였네. 그분은 길거리에서 방황하는 중생의 친구가 되어 주셨고 그들의 안내자가 되어 주셨지. 요즘 절간에서 청동 부처나 돌 부처를 만들어 놓고 돈 많은 신도들의 주머니나 넘보면서 복을 빌어 주는 염불이나 뇌까리는 그런 곳이 많은데 이것들은 절도 아니며 부처도 아니고 중도 아니네. 저 일곱살 불심(佛心)이는 남을 저주하며 마음 아프게 하는 말을 하지 않고 또한 여러가지 간사한 말과 아첨의 소리를 듣지 않으니 이 모든 것이 부처님이 아닌가? 세상 사람들이 다 저 불심(佛心)이 같으면 벌써 이 세상은 밝아 졌을 것이라네"

"스님의 깊은 뜻은 조금은 알만합니다"
 "나무와 돌이 부처가 아니고 사람이 부처여. 사람중에도 이렇게 산 동네 사는 가난한 중생이 부처님이라네. 언제는 나라땅인 산동네에서 움막짓고 살으라고 눈을 감아 주다가 땅값이 올라 가고 약삭빠른 모리배들의 농간으로 '재개발'이라는 명목으로 집들을 막 헐어 버리네. 달팽이도 제 집이 있는데 갈 곳이 없어 흩어져 흘러 가는 사람들이 바로 부처님이라네"
 "스님의 설법은 무상심심미묘법(無上深甚微妙法 : 가장 높고 미묘하고 깊고 깊은 진리의 법)입니다"
 "무어 대단한 것은 아닐세. 평범한 가운데 부처님의 가르침이 있다는 것일세"
 방울스님은 바랑속에서 종이에 싼 풀빵을 끄집어 내어서 불심(佛心)이에게 주면서 말한다.
 "부처님! 이것 공양 받으십시요. 오늘도 불쌍한 중생이 길 거리에서 올리는 것입니다." 길 거리에서 소외된 무리들과 같이 탁발을 하면서 삭막한 세상에 몸소 사랑을 행하시는 방울 스님의 모습이 눈에 떠오르곤 한다.

호떡 권사님

 "어머니! 이러시면 안됩니다. 저희들 체면도 좀 생각해 주셔야지요"
 "내가 뭐 어쨋다고(어떻게 했다고) 그러노"
 "어머니, 집에서 평안히 쉬시라고 하였는데 또 이렇게 나오셨습니까?"
 내가 이 권사를 만난 것은 4년전의 일이다. 예수님을 구주로 영접하고 교회에 나간지 며칠 후에 평소에 나를 보살펴 주시던 김

집사님의 출판사 사무실이 부산의 중앙동에 있는데 가끔 들르곤 했다.

주머니 사정도 여의치 않아서 점심 시간에는 포장마차 호떡집에 가서 호떡으로 점심을 해결하곤 하였다. 하루는 어느 호떡 포장마차를 찾아 들어 갔는데 성경을 읽으면서 호떡을 팔고 또 전도지를 주면서 전도하는 할머니를 만나게 되었다.

그 후에 그집을 자주 드나들게 되었는데 이 할머니는 권사님으로서 남포동 근처의 어느 교회에서 열심히 봉사하고 있다는 것을 알게 되었다.

그러는 중 하루는 호떡 포장 가게에 권사님의 자녀들이 찾아와서 장사를 못하게 말리는 것을 보게 되었다. 이 권사님은 바로 중앙동 그 자리에서 혼자 되고 난 후 20년동안 호떡을 팔아 3남매를 대학까지 가르쳤으며 그 자녀들은 의사, 약사, 교사 등 사회에서 존경받는 안정된 직장을 가지고 있다는 것이다. 그런데 이 권사님은 자녀들이 평안히 모실려고 하였으나 막무가내로 호떡 포장가게로 나오곤 해서 이렇게 찾아와 만류를 하는 것이었다.

"어머니! 저희들 얼굴 들고 나설 수 없습니다. 우리들은 불효 자식이 되구요"

"무엇이 어째서 얼굴 들고 다니지 못하냐? 나는 이 장사로서 너희들 다 먹이고 가르쳤다"

"어머니! 잘 알고 있습니다. 이제는 평안히 쉬셔야지요"

"야들이 뭐라카노. 직업에 귀천이 어디 있노. 너는 의사로서 직업이 있고 나는 호떡 장사로서 직업이 아닌가?"

"어머니, 집에서 편안히 계시면 저희들이 용돈을 다 드리겠습니다"

"너희들 잘 들어라. 이 장사도 하나님이 주신 축복의 기업이다. 이곳에 나와서 전도도 하고 또 주시는 물질 가지고 내 자식이라고 너희들만 공부시켰으면 다한 것이냐? 아직도 형편이 딱한 믿음의 자식들이 있는데 그들을 위해서 내 건강을 위해서 이곳에 나오는 것을 너희들은 체면 때문에 나를 못 나오도록 하지?"
 "어머님이 공부시키시는 그 형편이 어려운 학생을 우리가 맡겠습니다"
 "고맙다마는 너희들은 너희들대로 기도하여 보고 주님의 원하시는 선을 행하여라. 그러나 나는 하나님이 건강주시는 한 작은 일이지만 주님의 사랑을 전하련다"
 그후로부터는 자식들의 만류도 없고 해서 이 권사님은 호떡 포장가게에 나와서 찬송하며 전도하고 딱한 영혼들을 위하여 기도하고 있다. 어디 그뿐이랴? 3남매를 가르친 바로 그 복된 자리가 축복의 터전이 되어서 중학생 2명, 고등학생 1명, 대학생 1명 등 믿음의 자녀들 학업을 뒷바라지 하고 있으며 안락동에 있는 맹아원에도 적지않는 도움의 손길을 주고 있다.
 나는 노인 복지 문제를 생각한다. 자식이 주는 용돈을 가지고 경로당에서 한담과 화투치기 오락으로 세월을 보내는 소망없는 노인들을 볼 때 방울스님과 호떡 권사님을 생각하여 보면 그들은 인생의 종착점을 향해 아름답게 줄기차게 달려가고 있다고 생각한다.
 그후에 나는 서울에서 신학을 공부하며, 지난해 가을 어느날 부산 부흥회에 내려갔다. 오후에 시간이 있어서 중앙동에 있는 호떡 포장마차를 찾아갔다. 포장마차 속에서 "예수 더 알기 원함은 크고도 넓은 은혜와 대속해 주신 사랑을 간절히 알기 원하네"
 늙으셨지만 힘차고 카랑 카랑한 소리의 찬송이 들려오고 있었다. 오늘날 노인들이 설자리가 없다고 한다. 그러나 방울스님의 길거리에서 자비를 실천하는 목탁소리와 이 권사님의 그리스도의 사랑을 실천하는 찬송소리가 끊이지 않고 들릴 때, 이러한 노인들이 많을 때 그들의 설자리는 얼마든지 있다고 생각한다.
 이 해의 첫머리에 그 분들에게 달려가서 조용히 머리숙여 세배를 드리고 싶다.

○ 제 5 화

과부 보건진료소 소장

 "호호! 우리 스님, 이렇게 얼굴이 돌부처처럼 딱딱하지도 않고 차갑지도 않네요. 아주 따스하네요"
 "도대체 당신은 누군데 이렇게 남의 얼굴을 함부로 만지고 희롱하는 거요?"
 "나중에 스님 눈의 안대와 붕대를 풀고나면, 그리고 찬찬히 저의 얼굴을 보면 생각나실 것예요"
 "아가씨는 이 병원의 간호원이요?"
 "네! 저는 이 병원의 간호원이예요. 두눈을 돌부처처럼 부릅뜨고 있으면 제가 겁이 나서 스님의 얼굴을 만질 수 없을 거예요. 그렇지만 이렇게 눈수술을 하고 앞을 못보고 있을 때 한번 만져 본 거예요"
 "아가씨, 간호원이면 간호원답게 환자인 나를 점잖게 대해야지, 이렇게 어린 아이들 장난하듯이 하면 되는 거예요?"
 "호호! 참 재미있다. 나는 스님들의 얼굴은 돌처럼 피도 안통하고 딱딱한줄 알았는데 어린아이 얼굴처럼 보드랍고 따스하네요"하면서 그 간호원 아가씨는 장난기어린 손으로 내 얼굴을 만지작 거린다.
 "아가씨 정말 무례하군요?"
 "그래요 제가 좀 무례했어요. 그렇지만 스님을 보면 어쩐지 장난하고 싶은 생각이 드는군요"

"정 자꾸 그러면 나중에 회진올 때 과장에게 말하겠소"
"스님! 이렇게 눈이 보이지 않으니 제 이름이 누군지 알아야 과장님에게 말씀드릴 것 아니예요?"
"하기야 그도 그렇군! 그래서 내가 앞을 못 본다고 이렇게 놀리는 거요?"
"저는 스님을 간호하는 당번 간호원이예요. 아무 말씀도 마시고 제가 하는대로 따라 주세요"
"아가씨는 눈 수술한 환자에게 이렇게 장난기어린 태도로 대하는 거요?"
나는 순간 불쾌한 생각이 들어서 약간 강도있게 한마디 하였다.
"아 아니에요. 스님에게만 그런거예요. 아까 말씀드렸잖아요? 스님께서 붕대를 풀고 저를 보시게 되면 제가 누구라는 것을 아시게 될거구요"
이것은 십여년전에 시력이 말할 수 없이 약화되어 실명(失明)의 위기에 처하게 된 일이 있었을 때 대구 신암동에 있는 P종합병원 안과에 입원, 수술을 받고 난 후에 병실에서 당번 간호원과 주고 받은 대화다.
그무렵 나는 7일간 그 장난기어린 간호원의 보살핌 속에서 한 줄기의 빛도 없는 캄캄한 암흑의 생활을 한 것이다. 요나가 커다란 물고기 뱃속에서 밤낮 사흘을 보낸 그 심정을 알 것만 같았다. 그래서 하나님을 향한 간절한 기도가 있었을 것이다. 그 옛날 이스라엘의 민족 지도자 모세가 애굽(이집트)에서 자기 민족의 해방을 위해 하나님의 권능에 의지하여 밤낮 3일간에 걸쳐 내린 흑암의 재앙을 생각해 보라! 애굽 사람들은 얼마나 두렵고 당황하였을까? 육신의 시력도 잃어 버리고 캄캄한 어둠의 생활도 말할 수 없이 고통이거늘 한 줄기의 진리의 밝은 빛도 없는 영혼의 어둠의 생활은 얼마나 저주스럽고 괴로움이 뒤따를까?

나는 그런대로 그 장난기어린 간호원의 보살핌 속에서 무사히 7일을 보냈다. 드디어 눈의 붕대와 안대를 푸는 순간이 닥쳐왔다. 불안하고 초조한 마음이었다. 안과의 수술로서는 까다롭고 어려운 수술이었다고 한다.

희미한 한 줄기의 촛불같은 빛이 서서히 들어 오기 시작하여 점점 밝아져서 완전히 시력을 다시 찾았다. 순간 창밖의 아름다운 자연을 보았다. 지난날 무심히 보아왔던 병원 창밖의 파아란 하늘과 뜨락의 나무들, 잔디밭, 이 모두가 새롭게 느껴졌다. 병실안을 둘러 보았다. 장난기 어린 약간의 말괄량이 같은 당번 간호원이 옆에 서서 하이얀 이를 드러내면서 살며시 웃고 있었다.

그녀의 얼굴을 쳐다 보는 순간 어디서 많이 본 얼굴이지만 잘 생각이 나지 않았다.

"스님! 가족이 있는 환자는 퇴원하여서 3일간 통원(通院 : 병원에 다니면서 하는 치료) 치료를 받아야 합니다. 그러나 스님이 계시는 암자는 대구에서 멀리 떨어져 있어서 3일간 더 입원하시도록 하였습니다"

그녀는 장난기가 전혀없고 순진하면서도 진지한 태도로 말하는 것이다.

"오늘로서 입원료가 끝이 났는데?"

"그래서 제가 3일간의 입원료를 납부하였습니다. 염려마시고 치료를 잘 받으시기 바랍니다"

"간호원 아가씨가 내 입원료를 납부하였소? 무슨 연고로 그런 일을 하였소?"

나는 약간 자존심이 상하는 불쾌한 일이라 한마디 하였다.

"아니예요. 스님에게 그 옛날 빚진 것을 갚는 거예요"

"이거야 정말 알다가도 모르는 소리를 하는군! 나는 남에게 돈 빌려 준 적이 없는데"

"스님. 불가(佛家)에서는 옷깃만 스쳐도 인연이라고 하지요"
"그래서 아가씨는 장난기어리게 내 얼굴을 만지작 거렸구면?"
"아이 그런 것이 아니예요. 십년전에 스님에게 신세를 졌어요. 잘 생각해 보세요"

나는 전혀 기억이 나지 않았다. 도대체 언제 어디서 이 아가씨를 만났을까? 한참 동안 궁리하던 끝에 간호원의 도움을 받아서 비로소 그녀가 이미영이란 사실, 그리고 10년전에 만난 일이 있었음을 알게 되었다.

당시 안동에 있는 K전문대학에 강사로 일주일에 2일간 나갈 때였다. 매주 목요일 아침 6시 첫 직행 버스를 타야만 강의 시간에 맞춰 도착된다. 그 버스에는 나하고 대학동창으로 군위고등학교에 근무하는 이선생, 박선생, 김선생 등 5, 6명이 고정 단골이었다. 첫 버스는 군위, 의성, 안동에서 근무하는 학교의 선생님들을 위시하여 공무원들이 대부분이었다.

그당시만 하여도 대구와 안동간에는 비포장 구간이 많았다. 험한 길에 시달려 피곤한 모습으로 버스에 탄 어린 안내양의 손에는 중학교 과정의 통신 강의록이 들려 있었다.

터덜거리는 버스속에서도 좌석이 있을 때는 앉고 없을 때는 서서 공부하는 모습이 애처로왔다. 나는 관심을 가지고 첫시간 강의가 없는 날, 그 버스를 타고 안동에 도착하였다. 시간이 있고, 단골 손님인 나와는 서로 눈 인사를 나눌 정도의 사이였다. "저 안내양! 내가 오늘 시간이 있으니까 다과홀에 가서 빵을 좀 사줄께 나하고 이야기 좀 하지" "스님! 빵 사주실래요. 여기 기다리고 계세요 곧 오겠습니다."

버스의 잔일 뒤치닥 거리를 하고 왔다. 나는 이미영과 다과홀에 앉아서 여러가지 이야기를 나누었다. 대구 신암동의 가난한 집 딸로 태어나서 아버지는 돌아가시고 홀어머니 밑에서 오빠와 동생이 있다는 것이다. 국민학교를 2년전에 졸업하였고 친구들은 거의 중학교 진학하였는데 가정 형편이 어려워서 진학하지 못했다는 것이다.
 처음 버스 안내양이 되었을 때는 많이 울었다는 것이다. 어쩌다 국민학교 동창생을 만났을 때는 더욱 서럽고 부끄러웠다고 한다.
 중학교 통신 강의록을 들고 공부하는 것은 검정고시를 합격한 다음 간호대학에 진학해서 간호원이 되는 것이 소원이라고 하였다. 그 후에 나는 미영양을 영남대학교 이교수에게 부탁하여 그의 연구실에 사환으로 일하도록 하였다. 야간중학교에 진학시키고도 소식없이 십여년을 지냈다. 미영이는 이 교수 연구실에서 야간 중, 고등학교를 졸업하고 학비가 적게드는 대구 동산병원의 간호대학을 졸업하고 어릴때의 꿈인 간호원이 되었다. 나는 그 3일간 입원해 있는 동안 미영이와 많은 대화를 나누었다.
 "미영이는 장하구먼 어릴 때의 꿈을 이루었으니까"
 "제가 했나요. 스님께서 잘 인도하여 주셨으니까 그렇게 된 거지요"
 "나야 아무 것도 아니야. 미영이가 열심히 바르게 살려고 노력한 것이지"
 "저는 스님께서 수술의 결과가 좋지 않아서 시력을 회복하지 못할 경우, 다시 산골 암자로 돌아가시지 않으시면 제가 스님의 지팡이 노릇을 해드릴려고 했어요"
 "하마터면 내가 심봉사가 되고 미영이는 심청이가 될뻔 하였구먼"
 미영이는 귀밑이 약간 붉어지면서
 "저는 심청이 보다는 착한 뺑덕어멈이 되었으면 해요"
 "허, 허 미영이는 어린애가 아니고 많이 성숙하였구먼?"
 "스님! 저도 처녀이고 숙녀예요. 저를 인격적으로 대해 주세요"
 순간 나도 미영이에게 '하얀 마음' 여심(女心)을 읽을 수가 있었다.

"스님은 꼭 산골 암자로 돌아 가야 하나요? 세속에 남아 있을 수 없어요?"

약간의 안타까운 항의를 받으면서 나는 퇴원을 하였다. 미영이에 대한 생각은 까마득히 잊어 버렸다. 그런데 미영양을 3년전에 만났다. 그동안 나도 많이 변했다. 예수님도 믿고 전도자가 되어서 강원도 어느 산골 마을에 부흥회를 인도하러 갔을 때였다.

그곳 목사님께서는 저를 잘 아는 분이 이 마을에 살고 있다고 하였는데 누굴까? 생각을 하였다. 바로 미영이었다. 결혼해서 딸 아이 하나 두고는 남편과 헤어져서 보건진료소의 소장이 되어 그 딸 아이와 같이 이 마을에 살고 있었다. 예수 잘 믿고 교회에 열심히 봉사하고 있다는 것이다.

"전도사님을 이렇게 만날 줄을 몰랐습니다. 일찌기 예수님을 믿었으면 우리의 만남이 지금과는 달랐을 거예요?"

"다 하나님의 섭리 가운데 이루어지는 것이니까? 우리 인간이 어떻게 할 수 없을 거요"

부흥회 마치는 날 "우리 다시 만나 볼 동안 하나님이 함께 계셔…" 찬송을 부를 때 미영이는 손수건을 꺼내 눈시울을 훔치는 것을 보았다. 내가 버스를 타고 출발할 때 성도들 속에서 미영이와 그 딸아이가 흔드는 손길에서 '하이얀 마음'을 읽을 수 있었다.

"주여 저 가정에 한없는 평강을 주옵소서"라고 기도하면서 그 마을을 떠나 왔다.

○ 제 6 화

어느 바보 집사님

"아버지 정신드세요?"
"내 다 듣고 있다" "아버지! 이 정도 다친 것 하나님의 은혜예요. 그 택시 기사가 하마터면 큰일을 낼뻔 하였어요" "큰일은 내가 낼 뻔 하였다. 그 기사 지금 우째됐노?"
"그 기사가 아부지 횡단보도에서 치었기 때문에 지금 구속시킨다고 경찰서에 끌려가 있습니다" "무엇이라고? 그것 안될 말이다. 야들아! 빨리 이 병원에서 나가도록 수속을 밟으래이?"
"아부지! 전치 6주의 중상인데 우짤라고 이러능기요"
"아서라 내 평생에 남 못할 일 한번도 안했다. 잘못은 기사가 아니라 내가 함부로 도로에 뛰어든 것이다. 그러니 내가 빨리 가서 그 죄 없는 기사를 집으로 돌려 보내야 하능기라, 이래야 하나님 믿는 사람이 할 짓이 아닌가? 야들아! 나를 업고 가든 들고 가든 그 기사가 끌려 가있는 경찰서로 데려다 다고"
"아부지예! 가만히 누워 있으면 다 해결될 것인데 와 자꼬 긁어서 부스럼 만들라 카는기요?" "교회 목사님과 의논해서 해 볼 것이니 가만히 누워 계시이소?"
4년전에 예수 믿고 부산시 B교회에 출석하고 있을 때였다. 평소에 나에게 환한 웃음으로 친절하게 대해 주던 공집사가 졸지에 서면 로타리에서 교통사고를 당하고 병원에 입원했다는 소식을 들었다. 깜짝 놀랄 일이었다. 급히 병문안을 갔다. 이 이야기는 공집사와 그 주변 사람을 통해서 수집한 내용이다.

공집사는 경남 밀양군의 두메 산골 농사군의 아들로 태어났다. 비록 가난하지만 아버지는 예수 잘 믿는 교회의 집사 직분을 받았다. 살림도 차츰 형편이 나아지고 시골 교회지만 부흥이 되어 공집사 아버지는 장로로 장립을 받았다.

공집사는 국민학교를 졸업하고 부산으로 나가 잘 믿는 가정의 가게 점원으로 일하면서 야간 성경학교를 졸업하였다. 장차 목회자로서 하나님의 일을 열심히 하겠노라고 주님께 서원 기도도 드렸다.

6.25가 나고 피난민이 몰려오고 세상도 급변하였다. 미군이 상륙하고 부산의 돗떼기 시장에는 피난민의 한숨과 상인들의 살벌한 고함 속에 부산의 경제, 아니 전국의 경제를 좌지 우지할 정도로 각종 외제 물품인 범칙 물자가 판을 치고 있었다.

청년 공덕진도 한때는 하나님을 멀리하고 돗떼기 시장의 범죄 물자를 취급하는 장사꾼이 된 적도 있었다. 그러나 회개하고 서면 로타리 근처에서 노점을 차려놓고 신발도 고쳐주고 학생들의 가방도 고쳐주면서 어렵게 생활하고 있었다.

그날도 공집사는 급한 일이 있어서 횡단보도에서 1m정도 벗어난 곳을 건너다가 택시에 떠 받쳐서 횡단보도에 나가 떨어졌다. 교통순경은 횡단보도에서 일어난 사고인줄 알았고 공집사는 병원에 긴급 후송되었는데 사고보고서와 함께 택시 기사는 경찰서로 연행되었다.

만삭된 무거운 몸을 안고 택시기사 이상로씨 부인은 병원으로 공집사를 쫓아왔다.

"저어 아저씨! 시골의 논밭을 팔아서라도 드리겠습니다. 뱃속의 아이를 보아서도 합의각서 좀 써 주이소?"
　"댁의 남편은 아무 잘못이 없는기라 내가 급한 일이 있어서 조심 안하고 횡단보도에서 약간 벗어난 길을 건너다가 일이 이렇게 된 것 아닙니꺼? 교통순경이 사고 조사를 잘못한 것이라 회사에 이야기 해서 진정서도 넣고 다시 조사하도록 하이소"
　몇 시간 후에 택시회사 관계자와 보험회사 직원과 그 현장에 있었던 교통순경, 경찰서 조사담당 형사 등이 병원으로 공집사를 찾아왔다. 공집사는 사고 경위를 자세히 설명하여 주었으며 그 기사는 아무런 죄가 없으니 빨리 집으로 돌려 보내 주라고 간곡한 부탁도 하였다.
　그 때 교통순경 아저씨가 원망스런 표정을 지으며 한마디 한다.
　"당신! 로터리에서 어렵게 생활하고 있는 것 알고 있는데 만일 당신 주장대로 하면 치료비 한 푼 보상 못 받는데 그래도 좋은가요?"
　"교통순경 아저씨! 워낙 횡단보도 가까운 곳이라 사고 보고를 잘못할 수도 있는 것이오. 그러나 내가 실수해 놓고 치료비 받겠다고 없는 죄를 다른 사람에게 떠맡길 수는 없는기라. 하나님이 빤히 쳐다보고 계신데 우째 사람 못할 일도 할 것인가?"
　"당신 혼자 예수 믿소? 부산 바닥에 예수 믿는 사람 많지만 당신 공집사 같은 사람은 처음 본기라. 바보가 되어도 이렇게 막히어서 어떻게 교회에는 다니능기요?"
　"순경아저씨! 내사 마 바보가 되어도 좋으니 우리 예수님 죄 있는 사람들도 죄없이 해 줄려고 이세상에 왔는데 나는 예수 믿는다 해 놓고 그래 내 이익 보겠다고 죄 없는 젊은 기사에게 죄를 뒤집어씌워 교도소에 보내야 될긴가요. 어서 다시 조사해서 그 사람 죄를 벗겨 주이소?"
　택시 회사에서도 직원들과 기사들 사이에 화제 거리가 생겼다.

멀쩡한 인간들이 각목으로 갈비를 쳐서 부러뜨려 놓고도 갑자기 차에 뛰어 들어 치료비를 울거먹는 이른바 '차치기'가 있는데 공집사는 주는 치료비도 싫다 하고 바른 행동하며 살려고 하니 예수쟁이 중에 진짜 예수쟁이라는 소문이 퍼졌다.
"예수를 만나 볼려거든 서면 로터리에 가 보라"는 소문이 퍼져 갔다. 그 택시 회사 기사들이 모금을 해서 치료비에 보태 쓰라고 병원으로 가져왔다.
공집사는 퇴원하고 두어달만에 처음 교회에 나갔다. 예배가 끝나고 교회당 밖으로 나오는데 젊은 부부가 갓난 아기를 포대기에 싸안고는 "공집사님"하고 부른다. 처음 보는 교인이라 어디서 본 얼굴 같아서 쳐다보고 있었다.
"집사님! 서면 로터리에서 사고를 일으킨 이상근입니다"
"그으래! 이 교회는 왠일이요"
"공집사님! 우리 부부도 이 교회에 나오기로 하였습니다"
"잘 생각했소!"
요즈음 공집사의 구두수선 가게에는 신나는 일이 생겼다. 택시 기사들의 부탁으로 신문도 팔고, 장갑을 비롯해서 기사들이 필요한 동전도 바꾸어 주고 있다. 다른 사람들은 동전을 바꾸어 주면서 수고료로 얼마씩 제하고 준다. 기사들도 당연히 그런 것으로 알고 있다. 그러나 공집사는 한 푼도 제하지 않고 그대로 바꾸어 준다.
그대신 옆에 '이웃사랑'이라고 쓴 성금함이 있다. 기사들은 자발적으로 그 성금함에 동전을 넣는다. 공집사는 한 달에 두어번 이 성금함을 열어서 양로원과 불우시설을 찾아가 위로하면서 그리스도의 사랑을 전한다. 때로 기사들은 그곳을 지나면서도 신문도 1부씩 사주면서 "공집사님! 바보 집사님 오래 오래 사세요!" 이렇게 웃으며 인사하고 간다.
그래서 어느 사이에 '바보 집사님'이란 별명이 붙어 졌다. 오늘날 교회가 어려운 것은 똑똑한 목사님. 유식한 장로님, 말 잘하시는 권사님, 영리한 집사님들이 많기 때문에 그렇다.

몇년 전에 어느 친지로부터 교회는 예수공장이라고 하는 말도 들은 적이 있다. 월요일부터 주일까지 이른바 예수공장에는 각종 프로그램에 따라서 소리도 요란하게 잘들 돌아가고 있다. 세상에서 가장 영리하고 똑똑한 직분자들에 의해서 눈 코 뜰 사이 없이 분주하게 돌아가고 있다.

그런데 말이다. 그 예수 공장에서 생산되는 상품이 덤핑도 못 치는 형편없는 불량품이 생산되어 나오고 있다.

1천만 크리스찬이라 하지만 사회가 왜 이 모양일까? 좀 심한 말이지만 1천만명의 인간 불량품이 마구 생산되어 나와서 이렇지 않을까? 만약 예수님이 다시 오신다면 이 불량품들을 어떻게 처리하실까? 바다나 산이나 강에 쓸어 넣자니 하나님께서 창조하신 자연을 크게 오염시킬 것이며 태우자니 아까워서 못하겠고, 어떻게 하여야 할까? 이른바 교회인 예수 공장에서는 성경공부다 제자훈련이다 하면서 똑똑한 소리도 요란한데, 신앙의 지식은 발달하는데 신앙의 마음들은 각종 공해로 찌들고 황폐해 가고 있다.

목사들의 되 먹지 않은 설교 공해, 장로들의 눈만 껌벅거리는 권의주의 공해, 집사, 권사들이 눈치 보면서 몸싸움하는 공해, 젊은이들의 목이 찢어지게 부르는 복음성가 공해, 이것이 다 너무 똑똑한 직분자들로 인하여 교회당은 인간 불량품이 생산되고 정신공해의 야적장이 되어가고 있다.

예수님은 인간 바보가 되어 순진하게 하나님 나라만 바라보는 그 프로그램을 주셨다.

그 옛날 서기관과 바리새인들, 그리고 귀족들에게는 혹독하리만큼 복음의 분깃(유산)을 나누어 주시지 않으시고 오히려 바보같은 갈릴리 촌뜨기 어부들에게 친절하게 주셨다. 그렇다. 이 세상은 죄짓는데는 모두가 영리하고 똑똑하다. 그러나 참 진리의 길인 하나님 편에서는 "바보 공집사"같은 분이 큰 상을 받을 것이며 하나님이 아끼고 필요한 인물일 것이다.

 오늘도 "바보 공집사님"은 서면 로터리에서 "나의 갈길 다가도록 예수 인도하시니……"찬송을 부르면서 지나 가는 사람들과 기사들에게 웃음을 보내며 몸으로 복음을 전한다.

 "바보 집사님"이 많아질 때 우리 사회는 밝아지리라고 믿는다.

○ 제 7 화

오늘의 순애보(純愛譜)

 "엄마 앞에서 짝짝궁! 아빠 앞에서 짝짝궁!……"
 다섯살 짜리 쌍동이 딸 아이들이 여러 사람들의 시선을 모으면서 재롱을 부리고 있다.
 이것은 내가 15년전 여름날 무더운 종단(宗團)일로 청량리에서 안동가는 통일호 열차 안에서 일어난 이야기이다. 내 앞자리에 산뜻한 여름 신사복을 그것도 정장을 하고 눈에는 진한 안경을 끼고 있어서 실명(失明)한 얼굴에 훤하게 잘 생긴 30대 초반의 신사분이 앉아 있었다.
 그 옆에는 깨끗이 잘 손질된 수수한 옷을 입은 부인이 앉아 있다. 남루하다고는 볼 수 없지만 시골 아낙네도 아니고 그렇다고 가정부 같지도 않은 허름한 옷을 입고 있었다. 그러나 얼굴 모습에는 상당한 지성미가 있어 보이며 덕성이 약간 깃들고, 그러면서도 어린 아이들처럼 밝고 명랑한 모습이 꼭 화사한 유치원 선생님같이 느껴졌다.
 내 옆 좌석에는 다섯살짜리 쌍동이 딸아이들이 깨끗이 차려입고 노래와 재롱을 부려서 열차의 승객들이 즐거워하고 있었다. 나는 이들 부부들과 대화중에 그들의 깊은 사랑의 이야기를 들었다.
 딸아이들은 나를 보고
 "엄마! 이 아저씨 옷이 왜 이래?"
 "이 아저씨는 스님이란다"

"스님이 뭐야?"
 그때 딸아이들에게 불교가 어떻고 승려가 어떻고 설명도 해야 못 알아 들을 것 같아서
 "애들아! 스님이란 나처럼 머리를 깎고 이런 옷을 입은 사람이야!"라고 설명해 주었다.
 열차안의 승객들은 "와-아"하고 웃는다. 우리들은 지루하지 않게 여행을 하였다.
 내 앞에 앉은 분은 해병대 대위로서 월남전에 참전중 실명해서 이렇게 상이용사 정착촌에 살고 있다고 한다. 이들 부부는 처음 20년전에 부산의 어느 고아원에서 만났다고 한다.
 이형철 군은 부산의 산복도로 위의 판자집을, 지붕은 슬레트로, 판자벽은 시멘트블럭으로 개조한 가난한 집의 외동 아들로 태어났다. 아버지는 부산의 부두 노동자로 그런대로 행복하게 살아가고 있었다.
 아홉살 때 연탄가스 중독으로 부모님을 잃고 형철이도 3일간 병원에 입원해 있다가 퇴원하였다. 동장님과 마을 어른들의 주선으로 부모님 장례를 무사히 치루었다.
 일가친척 하나 없는 형철이는 어느 시청직원의 알선으로 동래에 있는 시 보육원으로 들어가게 되었다. 그 시 보육원에서 지금의 부인인 박순임 씨를 만난 것이다.
 박순임 양은 부모가 누군지 모른다. 집도 잃고 길을 헤매다가 이렇게 보육원에 들어오게 되었다는 것이다. 시 보육원의 원장님은 예배당의 권사님으로 원생들을 하나 하나 친 자식처럼 보살펴 주었다고 한다.
 그래서 이형철 군은 법학과를 졸업하게 되었고 박순임 양은 의상학과를 졸업하게 되었다. 이군은 해사장교로서 해병대에 입대하게 되었고 박양은 시내 의상실에 취직하였으며, 시 보육원에서 자랄 때는 오빠와 동생 같이 지냈으나 군에 입대한 이군으로부터 서로 위문편지를 주고 받다가 보니 사랑이 싹트게 되었다는 것이다.

월남전선에서 용맹을 떨치면서 가슴에 빛나는 훈장도 달고 씩씩하게 개선장군처럼 돌아 오기를 기다렸는데 두눈을 잃은 상이용사로 돌아왔을 때 박순임 양은 앞이 캄캄하였다고 한다.
"스님! 나는 그 당시 죽고 싶었습니다. 저 사람이 내 침대 곁에서 내손을 잡고 울고 있었습니다.""그래서요""나는 그때 '나는 이렇게 되었으니 순임이는 다른데 좋은 자리로 시집가라'고 냉정하게 말했습니다"
"이 대위의 심정은 알만 합니다"
"순임이는 얼굴도 예쁘고 기술도 있으니 나 같은 실명 상이용사 만나서 한 평생 어둡게 살아가지 말고 보다 밝은 미래를 향해 나를 떠나 가라고 하였지요" 그후에 이들은 상이용사촌의 교회에서 결혼을 하게 되었다.
쌍동이 딸 아이를 얻게 되었고, 부인은 상이용사촌 근처에서 가계에 도움이 될 겸 의상실을 운영하고 있다.
"의상실을 하시는 부인이 아주 멋진 옷을 입지 않고 그렇게 허름한 옷을 입소?"
내 물음에 앞에 있는 이대위가 자랑스럽게 부인을 바라보면서 대답한다.
"저 사람은 내가 눈이 보이지 않아도 마음의 눈으로는 볼 수 있기 때문에 나를 편안하게 해 주려고 이런 옷을 입는답니다"
"육신의 눈은 아니 보여도 마음의 눈으로는 보인다. 그것 참 의미심장한 말이군요""스님! 화려한 옷을 입고 돌아다니면 내가 마음을 상할까해서 그렇답니다"
이윽고 박순임여사가 입을 연다. "남편이 실명 상이용사라 하지만, 하나님이 보시고 내 양심의 눈이 보고 있고 저 분의 마음의 눈은 볼 수 있으며, 그렇게 해서 이렇게 했습니다"
정말로 지혜롭고 아름다운 부인이다. 요즈음 남편이 두 눈을 부릅뜨고 보고 있으나 그 눈을 피해가면서 외간남자와 불륜의 관계를 맺는 부인이 있는가 하면 남자라는 위세를 앞세워 안하무인격으로 남의 여자들하고 놀아나는 몰염치한 부류도 있다.
 그런데 이들 부부는 하나님이 보시고 있고 남편의 마음의 눈이 보고 있기 때문에 꾸밈이 없이 순수한 옷을 입고 검소한 생활을 한다. 거기다가 두 꼬마 쌍동이 녀석들의 재롱이 이어진다.
 의상실을 운영하다 보면 화려한 옷도 입을 수 있는 것이다. 그러나 박순임여사는 보이는 육신의 눈보다 보이지 않는 마음의 눈, 양심의 눈이 더욱 두렵다는 것이다.
 "의상실에 찾아오는 손님들이 거의 다 육신의 눈에 만족을 주려고 자기의 분수에 걸 맞지 않은 옷들을 맞추어 입습니다. 옷이란 마음의 눈에 맞추어 입어야 할텐데……"
 그렇다! 어디 의상실의 손님만 그럴 것인가. 우리 사회가 마음의 눈, 양심의 눈에 표준해서 사람들이 살아 간다면 얼마나 밝은 사회가 될 것인가? 육신적 눈에 보이는 감각적 문화는 발달하는데 마음의 눈에 비치는 깊은 윤리 도덕적 문화는 점점 쇠퇴해 가며 아예 없어져가고 있다.
 우리들은 "하나님의 눈, 마음의 눈"을 의식하면서 살아갈 때 하늘나라의 축복이 바로 이땅에 임한다고 볼 수 있다.
 안동 근처 시골 마을의 할머니를 아이들과 함께 뵈러 간다는 것이다. 이들 부부를 통해서 인간 사랑의 드라머를 듣게 되었다.
 이대위 부하중에 김인철 병장은 경북 안동군 녹동면 출신이라고 한다. 시골 출신답게 소박하고 책임감이 강하고 전우들에게 사랑받는 병사라 하였다. 고달픈 병영생활에서 김인철 병장은 휴식시간에는 그의 멋진 하모니카 독주로써 전우들의 마음을 달래 주곤 하였다.
 드디어 작전을 앞두고 출동 준비 장비점검이 끝났다. 작전 준비가 완료된 것이다.
 내일이면 D-Day(작전 개시일)이다. 그날 저녁 병영막사 앞의 벤치에 앉아 월남의 남십자성을 바라 보면서 슬픔을 자아내는 고향을 그리는 노래들을 하모니카로 불고 있다.
　김병장은 시골서 농업학교를 나와 장차 독농가로서 꿈을 키우다가 군에 입대하였다는 것이다. 젊은이들이 농촌을 떠나도 자기만은 시골 농촌을 지키겠다고 다짐하였다고 한다.
　어느날 치열한 전투중에 베트콩이 던진 수류탄이 중대장 이대위 옆으로 굴러 떨어졌다. 이 때 이대위 옆에는 2-3명의 병사들이 있었다.
　그 순간 김병장은 "중대장님!" 하고 외치면서 그 수류탄 위에 몸을 덮쳤다는 것이다. 그 수류탄 파편으로 이 대위는 두눈을 실명하게 되었다는 것이다. 생명을 구해준 부하 김인철 병장이라고 한다. 그의 어머니를 생각하면서 말을 잇는다.
　"스님! 우리 부부는 저 사람도 그렇고 부모님이 없지 않습니까?"
　"그래서요"
　"우리 부부가 기도하면서 생각한 것이 그 김병장의 어머님을 우리들의 어머니로 모시기로 하였습니다. 애들도 할머니가 계시니까 좋구요!"
　"그래 지금 그 분을 찾아가는 길입니까?"
　"네 그렇습니다. 서울에 와서 사시라고 하니까 아직 힘이 있을 때까지는 시골서 농사 지으시다가 나중에 힘이 없을 때 서울에 오시겠답니다"
　"시골서도 서울에 오십니까?" "네 그래서 며칠씩 쉬시다가 내려 가십니다. 저희들도 방학 동안에 이렇게 찾아 뵈옵고요"
　"잘 하셨소 과연 그 중대장에 그 부하요. 사실 따지고 보면 우리는 단군 할아버지 이후에 200촌 내의 일가 친척이지요. 한대를 30년으로 잡으면, 30×200은 6,000년이지요."
　"스님! 참 재미있으십니다"
　꼬마 쌍둥이 딸 아이들의 노래가 이어진다.

"높고 높은 하늘이라 말들하지만 나는 나는 높은 게 또 하나있지 낳으시고 기르시는 부모님 은혜 푸른 하늘 그 보다도 높은 것 같애"

'마음의 눈'으로 볼 때 육신의 친족이란 그 어떤 면에서 무의미할 것이다. 진정한 참 사랑으로 우리 모두 하나가 될 수 있는 것은 '밝은' '마음의 눈'으로 세상을 볼 때 가능한 것이다.

"주여 우리 모두에게 어둠이 없는 밝은 마음의 눈을 주옵소서!" 라고 기도 드리고 싶다.

이 사월의 하늘 아래 이 대위 일가족은 푸른 하늘을 '마음의 눈' 으로 바라보면서 기쁨으로 살아 갈 것이다. 우리 모두 200촌내의 일가친척 피붙이들이니까. 나는 달려가서 그들을 얼싸안고 "주여! 우리 모두 하나되게 하옵소서!"라고 외치고 싶다.

○ 제 8 화

파도 위에 떨어지는 눈물

 "1440번 접견(면회)"하면서 교도관이 미결수 감방문을 연다. 이름대신 1440번으로 통하지만 이채영 씨는 여섯 달 전만 하더라도 오대양의 푸른 파도를 가르면서 달리는 선원이었다. 지금은 금괴 밀수범으로 부산 지방법원에서 5년 징역형을 언도받고 대구 고등법원에 항소하여 대구교도소로 이감 와 있다.
 교도관의 안내를 따라 좁은 접견(면회)실로 들어갔다. 동생 채원씨가 그의 약혼녀와 같이 면회실에 들어와 있다.
 "너 바쁜데 뭐하거 이 먼곳까지 면회를 왔노?"
 "아무리 바빠도 형님 찾아뵈러 와야지요" "그래 요즈음 건강은 좀 어떻습니까?"
 "밥 잘먹고 책 잘보고 있다" "참 다행입니다. 2심에서는 징역이 좀 적어져야 될텐데 - 그래서 유명한 변호사를 선임하기로 했습니다"
 "채원아 니 뭐라카노? 변호사 그것들 말짱 다 도둑놈이다. 조건부로 한다 카면서 터무니 없이 변호 수임료를 요구하다 못해 공탁하자고 하는데 다 죄지은 만큼 판사가 징역도 줄 것 아이가? 헛돈 낭비하지 말고 그 돈 가지고 니 학비에 보태서 대학원에서 공부나 열심히 하거라"
 옆에 있던 장차 계수씨 될 사람이 말을 건넨다.

〈연작소설〉 별처럼 모래알처럼 219

"우리들의 성의를 보아서도 변호사를 선임하도록 하시지요"
"아무리해도 나는 도장을 안 찍어 줄터이니 그래 아시이소, 변호사들 법정에서 말 몇마디 하고 수백만원을 받아 챙기는 것이라. 내 사건은 빤한 것 아니요. 금괴 밀수했고 그것도 10Kg밀수로써 특가법(특정범죄가중처벌법)위반인데 법에 있는대로 징역을 준기라예. 뭐 억울한 일이 있을 때 변호사가 필요한 것이지, 하나도 억울한 일이 없는데 왜 변호사가 필요합니까? 차라리 재판장의 동정으로 징역을 적게 받는 것은 몰라도 변호사 선임은 말도 마이소"
"죽일 놈은 나입니다. 돈 몇푼 더 벌겠다고 우리 착한 형님을 억울하게 했으니"
"채원아 아무 말도 하지 마라. 여기 교도관이 기록하고 있다. 같이 있는 사람들은 좋은 분들이 많다. 성경책이나 넣어다오. 옛날에 믿던 예수를 다시 믿어야 되겠다"
"예 형님! 성경책과 내복, 필요한 돈을 넣어 드리겠습니다"
"그래 고맙다. 대학원에서 열심히 공부하여라"
면회를 마치고 사방(감방)으로 돌아오니 정리원(감방장) 최선생이 말을 건넨다.
"누가 면회왔소?"
"동생내외가 왔습니다"
"이채영씨는 재판이 잘되어야 할 것인데 그래 변호사 사기로 하였오?"
"내가 못사도록 하였오. 죄 진 만큼 징역도 살려고 합니다"
"글쎄 세상이 어디 그래야지. 아무튼 특가법은 잘해야 3년 6개월이요"
두사람을 죽이고 1심인 진주에서 사형 언도를 받고 2심인 대구에 이감을 온 신영복 씨가 말을 건다.
"나는 5년이면 감지덕지하겠오"
그의 가슴에는 사형수 표시인 푸른 삼각형이 그려져 있고 손에는 수정(수갑)이 채워져 있다.
　채영씨는 곰곰이 지난 일을 생각해 본다. 올해 나이 설흔 다섯. 30년전 다섯살 때 일이 어슴프레 떠오른다.
　경상남도 통영군에 있는 어느 외로운 섬에서 태어났다. 아버지는 뱃사람이었다. 그 당시만 하더라도 돛단배가 대부분이었고 통신망이 발달되지 못하여 어업기상통보 같은 것은 생각해볼 수조차 없는 시절이었다. 그저 아침 저녁 육감으로 날씨를 판단해서 고기잡이를 하던 시절이었다. 아버지는 뱃사람의 운명으로 바다에서 죽고 말았다. 어머니와 마을 아주머니들이 슬프게 울고 있는 기억밖에는 없다.
　그런데 어느날 어머니마저 일가친척하나 없는 어린 채영이를 버리고 뭍으로 도망을 갔다.
　그 때 그 마을 국민학교에 신혼초의 교사로 부임해 온 이성철 선생님 내외가 불쌍한 채영이를 아들로 거두어준 것이다. 친 아버지 성씨가 박씨라는 것을 나중에야 알게 되었다. 이선생 내외분은 호적도 당신 앞으로 그것도 장남으로 올려주었다. 나중에 동생 채원이가 태어났다.
　부모님이 교사이므로 여러 곳을 전근 다녔다. 전근이라야 통영, 충무, 진주, 마산, 고성등지였다. 아버지가 삼천포에서 국민학교 교장 발령을 받고 난 후로 삼천포에다가 안정된 생활기반을 잡았다.
　채영은 어릴 때부터 바다가 마음에 들어 통영 수산전문대학 기관과에 진학하였다. 친자식처럼 사랑해 주시는 이교장 내외분의 보살핌 속에 무사히 학교를 졸업하고 배의 조기장(기관장 조수)으로 취직해서 배를 타는 날 채영에게 교장선생 내외분이 말씀하신다.
　"채영아! 너도 이제 성인이 되었으니 알아야 하겠기에 말을 한다. 우리는 너의 친부모가 아니다. 너의 아버지가 바다에서 뱃일을 하다가 돌아가셨기 때문에 너는 교육대학에 보내서 학교 선생님 하기를 원했는데 네가 수산대학에 간다길래 마음이 내키지 않았다.

하지만 너 좋은대로 하라고 그냥 두었다. 잘 명심해서 조심하기 바란다"

"아버님, 어머님! 어린 저를 친자식 이상으로 거두어 주시고 공부까지 시켜 주셔서 그 은혜 정말 감사합니다"

채영은 선원생활에 익숙해가고 있었다. 열심히 저축하여 나중에 상선의 선주가 되는 것이 꿈이었다. 길러주신 부모님을 세계일주시켜 드리는 것이 소망이었다. 동생 채원도 부산 해양대학을 나와서 같은 배의 2등 항해사로 오게 되었다. 아버지 이교장은 채원만은 사범대학을 진학하여 교사로서 당신의 천직을 따르기를 바랬다. 그러나 동생 채원은 가난한 아버지의 교사생활이 지겨워서 해양대학 항해과를 졸업했다. 나중에 1등 항해사로서 큰 배의 선장이 되는 것이 소원이었다.

그런데 채원은 돈에 욕심을 부려 홍콩에서 금궤 10Kg을 자기 방에 숨겨 들어왔다. 부산항에 정박중 세관의 써취(조사)를 받게 되었다. 그때 형 채영이 얼른 세관원들 앞으로 가서 "이 금궤는 내가 항해사 몰래 숨겨둔 것입니다. 이 항해사는 아무런 죄가 없습니다. 분명히 제 것입니다"라고 하면서 동생의 '죄'를 대신 지게 되었다. 벌벌 떨면서 얼굴이 창백하게 질려서 아무 말도 못하고 있는 동생 채원이를 보고

"나는 과거에 밀수했던 전과가 있다. 우리 집안에 뱃사람은 나 혼자만으로 족하다. 너는 대학원에 가서 아버지의 뜻을 받들어 교수가 되어라"

채영은 세관의 심리분실로 끌려가서 혹독한 수사를 받고 과거 전과 때문에 하등의 동정도 받지 못하고 5년형이 선고되었다. 형제가 부산항의 푸른 파도 위에 눈물을 뿌리면서 헤어졌다.

채영은 어린시절 포구가의 갯마을에서 아버지 이교장의 손을 잡고 동생 채원이와 같이 시골 운동장에서 뛰놀던 생각에 잠기곤 하였다. 그때 아버지 이교장은

"채영아! 채원아! 너희들은 가난하지만 참되게 살아야 한다. 가난은 죄가 아니라 진실되게 못사는 것이 죄이니라"

그러나 가난한 시골학교 교장의 생활이 지겨워 배를 타고 돈을, 그것도 부정한 방법으로 나라의 법을 어겨가면서 벌려고 하다가 보니 이렇게 되었다.

이즈음 채영씨는 감방에서 열심히 성경보고 기도하면서 주님의 소망을 전하려는 가슴이 뜨거워지고 있다. 과거의 '밀수꾼 이채영'이 '전도사 이채영'으로 되어 조그만한 배를 가지고 교회가 없는 낙도 마을을 다니면서 복음을 전하고 싶어한다.

이윽고 항소심 재판날짜가 되었다. 결심공판에서 검사가 논고를 하였다. 징역 5년이상으로 주고 싶으나 참작해서 5년형을 주십사고 구형을 한다. 재판장은

"피고인은 관세법 위반으로써 변호인도 선임하지 않았는가?"
"예"
"최후로 할 말이 없는가"
"죄 지은 만큼 형을 주시면 감사히 받겠습니다"
"다른 사람은 있는 죄도 없다고 변명을 하는데 피고인은 솔직해서 좋습니다"

선고 공판날이 되었다. 법정에서 재판장은 판결문을 낭독하고 있다. 노구를 이끌고 법정의 방청석에 앉아 있는 아버지 교장의 눈물어린 얼굴이 보인다. 그의 진정서 내용도 낭독되고 있다. 채영이와의 관계와 성장과정, 가난한 시골 교육자로서 자식하나 제대로 교육을 하지 못해서 할수만 있다면 대신 수갑을 차고 감옥에 가고 싶다는 내용이었다.

재판장의 판결문은 계속 읽혀지고 있다.

"피고인은 비록 기르신 부모님이지만 평생에 이교장 같은 훌륭하신 부모님을 모셨으니 형을 살고 나가서 효도하는 의미에서 그 뜻을 따르라. 징역 3년을 언도한다"

채영씨는 생각한다. 성경에 욕심이 잉태하면 죄를 낳고 죄가 장성하면 사망을 낳는다고 했다. 비록 가난하지만 평생에 한점의 욕심도 없이 자신을 기른 부모님이신 이교장 내외분, 예수님 닮은 분이 바로 이런 분들이 아니겠는가? 가난의 행복을 지금에야 느끼게 되었고 가난하지만 진실되게 사는 부모님이 존경받는 사회가 될 때 밝아지며 동심은 피어날 것이다.

○ 제 9 화

흐르는 아기별

　이 이야기는 30여년전 내가 대구의 어느 암자에 있는 때 겪은 일이다. 동지가 지나고 추운 겨울의 저녁에 일어난 것이다. 짧은 겨울 해가 넘어가고 어두운 초저녁에 예불이 이어진다. 주지스님을 따라서 합장 배례하며 범종소리에 맞추어 염불이 시작된다. (문종성 번뇌단 지혜장 보리생 이지옥 출삼계 원성불 도중생 — 이 종소리를 들을 때 모두 번뇌가 끊어지며 지혜의 마음이 오래오래 계속되며 진리의 마음이 생겨서 지옥을 떠나 모든 세계를 벗어나되 모든 중생을 구제하고 성불할 것이라). 파리옥진언(지옥을 깨뜨리는 진언) 옴가리리야 사바하(세번) 각단(법랑)을 돌며 예불을 마치고 저녁 공양(식사)을 하였다. 그후로는 방에 군불을 지피고는 공부에 들어간다. 겨울밤 세찬 바람소리가 더욱 크게 들려오고 있었다.
　지금은 명덕 로터리에서 대구고등학교를 지나 앞산으로 이어지는 큰 도로가 개통된 도시이지만, 그 당시에는 명덕 로터리 다리는 참나무 백이라 하였고 남대구 우체국 맞은편을 야시골이라 불렀다. 주위가 온통 논밭으로 인가가 많지 않았고 버스도 다니지 않아서 반월랑이나 남문시장에서 걸어다녔다.
　그 야시골에 조그마한 암자가 있었다. 차가운 겨울밤에 고통하는 애절한 아기울음 소리가 계속 들려오고 있었다. 그무렵에 나는 그곳에서 공부하는 수좌승(수행하는 승려)이었고 갓 들어온 행자가 있었다. 주지스님은 연도하여 아무런 사찰일에 간섭과 말씀이 없었다. 애절한 아기 울음 소리는 계속 들려오고 나는 행자 스님에게 등불을 들게 하고 산문(절문)밖으로 나가 보았다. 인기척이 없고 산문 밖에 포대기에 싸인 아기가 울고 있었다.

나는 행자승에게 아기를 안게하고 등불을 들고 방안에 돌아와 보니 아기는 5-6개월 되어 보이고 손에는 쌀을 튀겨서 엿으로 뭉쳐진 과자가 들려 있다. 그런데 아기의 웃옷 고름에 편지가 매달려 있는 것이 아닌가! "스님! 이 아기를 구해 주세요. 이름도 짓지 않았습니다. 아버지의 성씨는 오씨이고, 아이 생일은 1955년 3월 4일입니다. 자식을 버린 죄많은 여자 드립니다" 이런 내용이었다. 주지 스님에게 자초지종을 말씀드렸다. 노장 스님은 묵지(손에 든 염주)를 굴리면서 "나무관세음보살 짐승도 제 새끼는 버리지 않는데 사라밍 어찌 못할 일을 하나"라고 한탄하신다.

나는 행자승에게 아기를 업게하고 황토길에 발이 빠지는 양지골이라는 마을로 향했다(지금은 계명대학 옆의 삼각로터리에서 심인고등학교 쪽으로 가는 번화한 도시가 된 곳). 그곳에 가난하지만 마음씨 착한 이 보살이 농사를 지으며 살고 있었다. 얼마전에 이 보살의 며느리가 딸아이를 해산하였다는 소식을 들었다.

그 당시에는 우유도 귀하고 보온병도 없는 때였다. 나는 미역 한단과 쌀 한말을 지고 이보살을 찾아가 대충 이야기하였다. 그 며느리가 포대기를 헤치고 보니 고추가 달린 사내아이였다. 정성들여 젖을 먹이면서 잘 키우겠다고 하였다.

나의 머리엔 한 생각이 번개같이 떠올랐다. 서문시장에서 큰 포목장사를 하는 홍보살의 슬하에 자식이 없어서 여러 절을 찾아다니면서 지성을 드리며 생남 불공을 많이 드리곤 했다. 이튿날 나는 큰 시장(서문시장)으로 홍보살을 찾아가 절간 문앞에 버려진 사내아이에 대해서 말을 했다.

홍보살은 반가와 하면서 "스님! 절 앞에 버려진 아이는 부처님이 보내주신 아이지요. 제가 이 보살을 찾아가서 유모에게 양식과 의복가지를 보내드리겠습니다. 젖떼고 난 뒤에 데려다가 기르겠습니다. 주인양반도 반가워 할 것예요"하며 기뻐한다.

"나무 관세음보살 버려진 중생도 공양하는 것은 부처님을 공양하는 것입니다" "스님! 오늘이 25일 스무닷새이지요? 새달 초하루에는 부처님께 득남불공 드르러 가겠습니다. 그 때 아기이름 지어 주세요. 우리 양반도 양동 이씨니까요?"

새달 초하룻날 홍보살과 그의 주인양반, 이보살, 이보살의 며느리, 사내아이와 이보살의 손녀아기 등 온 가족이 절에 왔다. 초하루라서 다른 신도들이 많이 와 있었다. 노장 주지 스님은 그 사내 아기를 안고는 "문수(文殊 : 지혜가 많은 보살을 의미함)야! 튼튼하게 잘 자라고 양동이씨 가정에 복덩이가 되거라" 하시면서 홍보살의 내외에게 아기를 준다.

홍보살 내외는 합장하면서 받아 안고는 "스님! 부처님이 주신 아기, 부처님께서 이름을 지어 주셨습니다. 이문수(李文殊, 정말 고맙습니다"하며 덩실 덩실 춤을 추는 것이었다.

그로부터 2년쯤 후에 병색이 짙은 처녀가 그의 이모와 같이 절로 왔다. 박명숙 양은 얼굴이 미인형인데 국민학교를 졸업하고 집안이 너무 가난하여 중학 진학을 포기하고 직물 공장의 직수로서 일을 했다. 그의 애인은 의과대학에 다니는 학생이었는데 그의 어머니가 결혼을 반대하기 때문에 헤어졌다는 것이다. 박명숙양은 내가 있는 절간을 향해서 "아기 부처님! 아기 부처님!"하면서 정신 착란증을 일으켜서 데리고 왔다는 것이다.

나는 마음에 집히는 데가 있어 박명숙 양에게 동정은 가지만 호되게 나무라고는 아기 있는 곳은 절대로 가르쳐 주지 않고 냉정하게 떠나 보냈다.

명숙이의 이모는 봉덕동 미군부대 근처에서 양색시 몇명을 데리고 장사를 하고 있었다. 명숙이는 이모의 주선으로 국제결혼을 하여 미국으로 갔다는 이야기를 들었다.
　어느날 저녁 경북대학의 후배로 의예과에 다니는 오군이 나를 찾아와서는 명숙양의 소식과 그 아기의 행방을 묻는 것이다.
　"다 중생의 깊은 악의 인연과 죄업 때문에 그러니 단념하고 돌아가게"
　"선배님은 불가에 귀의하신 스님으로서 중생의 고통을 모르십니까?"
　"알기 때문에 그러하네! 자네가 모르는 번뇌 망상은 잊어버리는 것이라네! 의학에 번뇌 망상을 잊어버리는 바보가 되는 것이 있으면 좋겠네. 그것이 부처님의 마음일세"
　"바보가 되는 의학이라, 우리 선배님 정말 멋이 있습니다…"
　이문수 군은 총명하고 건강하게 잘자라서 대학원을 무사히 졸업하였다. 내가 Y대학교 강사로 나갈 때, 이문수군은 조교로서 장래가 유망한 교수 후보생으로 잘 다듬어지고 있었다. 어느날 홍보살은 걱정되는 일이 있다고 하면서 찾아왔다. 문수군이 사랑하고 있는 여자는 대학원 출신이고 같은 대학의 음악과 조교로 있는 아가씨인데 예수 믿는 장로의 딸이라 마음이 언짢다고 한다.
　"문수군 효도합니까?"
　"문수와 그 처녀아이도 잘하고 있습니다"
　"홍보살님! 예수를 믿어도 시부모님께 잘하면 됩니다. 아무것도 안 믿는 것보다 예수라도 믿는 것이 좋지 않습니까?" "저희들 좋은대로 해주시죠"
　"스님! 저 아이들이 다 컸으니까! 자기들 문제는 스스로 하도록 가만히 두고 보렵니다"
　그동안 세월은 사람을 너무 변하게 만드는가 보다. 나도 예수 믿고 전도사가 되었고 나이 많으신 홍보살 내외와 이보살도 세상을 떠났다.
　내가 재작년에 대구의 산격동에 있는 B교회 부흥집회를 갔을 때 이문수 교수 내외를 만나게 되었다. 두 사람 다 교수로서, 장로와 권사로 교회에 봉사하고 있었다. 이문수 교수는 내가 절에 있을 때 어머니 홍보살의 손을 잡고 절에 다니던 이야기를 하면서 지난 일을 생각나게 했다.

지난해 가을에 박명숙씨와 닥터 오가 내가 개척하고 있는 교회에 불쑥 나타났다. 너무도 놀란 나는 어떻게 된 것이냐고 물었다.

박명숙씨는 남편과 이혼하고 로스엔젤레스에서 세탁소를 경영하면서 혼자 살고 있었다는 것이다. 닥터 오 역시 혼자 되어 바로 옆에서 병원을 개업하고 있었던 것이다.

두사람 다 자식이 없고 쓸쓸하여 다시 결합하였다. 한국에 나온 것은 옛날 아지 소식을 내가 알고 있는 것 같아서 찾아왔다는 것이다.

"오선생! 여기는 어떻게 알고 찾아왔오?"

"선배님을 찾으려 대구의 절은 몇군데 찾아다녔으나, 소식을 알 길이 없어서 대학에 찾아갔더니 이문수 교수가 친절히 안내해줘 이렇게 왔습니다."

나는 순간 아연해 질 수밖에 없었다. 이문수교수는 하늘에서 흐르는 아기별이었다. 그 별빛을 찾아 기르신 부모님, 낳으신 부모님이 그 주위를 맴돌고 있었다. 나는 기도하는 마음으로 이 모든 사실을 오선생 내외에게 이야기했다. 얼마후 이문수교수 가족은 나에게 그의 낳은 부모가 있는 미국으로 공부하러 떠난다는 전화를 했다.

나는 지난주 시골서 부흥집회를 인도하면서 하늘과 별을 바라보았다. 세상에 버려진 아이들은 하나님의 긍휼로써 흐르는 아기별이 되어 길이 길이 빛나게 하실 것이며 지켜 주실 것이다.

○ 제 10 화

어머니 찬가(讚歌)

　교사들에게는 수업시작 종소리와 마치는 종소리에는 엄청난 의미의 차이가 있다. 매일 듣는 수업 시작과 마침의 소리이지만 시작은 땡, 땡, 땡, 세번이고 마치는 종은 땡, 땡 두번이다. 여름철 무더운 점심식사 후 5교시 시작 종소리 땡, 땡, 땡은 "죽어라" "죽어라"로 의미가 강하게 부딪쳐온다. 정말 교실에 들어가는 것이 소가 도살장에 끌려가는 것처럼 싫증날 때가 많다.
　그 수업시간은 교사도 학생도 식곤증으로 졸면서 수업을 진행한다. 그러다가 마치는 종소리 "땡" "땡"은 "휴-살았다" 일시에 해방감이 몰려오는 기쁨의 메아리가 된다.
　내가 한 때 임시강사로 근무한 적이 있는 대구의 J여중은 명문학교였다. 이 학교에서는 수업을 마치는 선생님들에게는 늘 한잔의 차(茶)가 기다리고 있었다. 어느 가난한 학생의 어머니가 마련해주는 차였다. 여름철에는 얼음을 넣은 시원한 보리차, 겨울에는 따끈한 생강차가 교사들 책상 위에 정성스럽게 놓여 있었다.
　30여년전이니까 그 당시만 하더라고 보온 병이나 냉장고가 흔하지 않던 때였다. 그야말로 정성이 깃든 차 한잔이었다.
　모정(母情)의 찻잔 주인공 이야기를 소개하겠다. 마쓰모토 하루꼬는 일본 규슈 지방의 중견 공무원 가정의 세째딸로 태어났다. 위로 오빠 둘, 아래로는 남동생과 여동생이 있는 7남매의 가정이었다.

시골에 농장이 있고 그런대로 행복한 가정이었다. 춘자는 잔심부름도 곧잘 하여 부모님과 형제사이에서 사랑을 많이 받고 자랐다.

비교적 엄한 가풍(家風)이었는데 옛날 임진왜란 때 한국에서 일본에 강제로 끌려간 선비의 핏줄을 이어받았다고 한다.

그래서 긍지와 자부심이 있는 가정이었다. 이런 춘자의 집에 한국의 경상도 성주가 고향인 이상범(李相範)이 규슈대학을 다니면서 하숙을 하고 있었다. 이상범은 한국의 부농(富農)의 아들로서 일본에 유학하여 경제적 어려움 없이 생활을 하고 있었다. 인물이 준수하고 마음씨가 넓고 좋아서 그때 여고 2년에 다니는 춘자와 남매처럼 가까이 지내다가 사랑하게 되었다. 일본 사람들은 한국 사람을 얕잡아 보는 경향이 있어 "조센징(조선인)"하며 경멸조로 부르고 있었다. 그러나 마쓰모토씨는 교양있는 집안이라서 전혀 그런 티를 내지 않고 이상범군도 한식구처럼 대해 주었다.

일본은 세계 제2차전쟁을 일으켜 젊은이들을 강제로 징집하여 갔다. 물자도 전쟁용으로 강제로 거두어 갔기 때문에 일본, 한국, 중국 등 일본의 점령하에 있는 나라에서는 그 경제적 타격이 매우 컸다.

이상범군은 대학졸업을 한 학기 남겨놓고 춘자양은 여고를 졸업하고 가사를 돕고 있었다. 그녀의 오빠들은 철도공무원, 군수공장의 직원이라서 군대징집을 면했다. 연합군의 비행기 폭격이 심하므로 한국과 중국에서 식량과 물자가 들어오지 않으니 좁은 일본 본토는 식량난과 물자난에 허덕이게 되었다. 그러나 전쟁은 장기전으로 점점 치열해 지고 있었다. 드디어 일본 군국주의자들은 내선일체를 부르짖으며 한국학생과 젊은이들에게 처음에는 지원병 형식으로 하다가 나중에는 강제로 끌고 가버렸다.

상범 군은 아무리 생각해 보아도 내 나라 내 민족을 위한 것도 아니고, 식민지 통치자 일본을 위해서 개죽음하기에는 정말 억울하였다. 한국의 고향으로 돌아가고 싶었으나, 연락선 뱃머리 부두에서 일본 순사들이 검문해서 젊은이란 젊은이는 강제로 끌고 가므로 그마저 어렵게 되었다.
　하는 수 없어서 춘자의 아버지 마쓰모토씨와 의논하였다. 마쓰모도는 일본이 곧 망해서 패전국이 될 것이라는 사실을 확신하고 있었다. 그는 시골에 있는 자기 농장에 상범을 숨겨주었다.
　필요한 물자는 춘자가 운반해 주며 며칠씩 같이 지내게 된다. 전쟁의 처절하고 위급한 상황에서 그들은 애절한 사랑을 나눈다.

　1945년 8월 15일 일본 천황 히로히토의 항복방송이 전파를 타고 흘러 나왔다. 그 전날까지만 해도 방송국의 전파에는 씩씩한 행진곡이 울려 퍼지며, 대일본제국 대본영에서는 항상 전쟁에서 승리한다고 떠들어 댔다. 그것은 거짓 발표였으며 일본은 이렇게 힘없이 무너지고 말았다.
　전쟁후 폐허된 일본은 실로 아비규환 생지옥이었다. 중국 만주와 한국, 남양군도에 거주하던 일본인들이 좁은 일본 본토로 몰려왔다.
　생산과 산업시설은 거의 파괴되었고 식량난은 극심하였다.
　미군들이 상륙해서 구호물자를 나누어 주고 있었으나, 그야말로 전쟁 때보다 더한 비참함을 겪고 있었다. 마쓰모토는 딸 춘자가 일본에 있어도 생활고에 허덕이니 차라리 한국에 가서 생활의 어려움이 없게 하기 위해서 한국으로 같이 가는데 동의하였다.
　그는 부농의 아들이라 밥을 굶기지는 않겠지 하는 생각에서 그렇게 한 것이다. 춘자는 수학여행을 떠나는 어린 여고생의 마음으로 설레이며 한국에 왔다.
　춘자는 태중에 아기를 가지고 무거운 몸으로 성주의 시가에 들어섰다. 상범의 아버지는 아들이 죽지 않고 살아온 것을 반갑게 여기면서 일본 여자를 데리고 들어온 것은 지극히 못마땅하게 여겼다.
　"우리 벽진 이씨 집안은 일본여자를 절대로 며느리로 맞아 들일 수 없다"는 것이다.
　시아버지보다 시어머니가 오히려 무서울 줄 알았는데 더 자상하시다.
　"영감! 비록 일본사람이라 하나 아들 상범이를 숨겨서 목숨을 구해준 집안의 딸이 아니오? 또 자손 귀한 우리집에 아들을 낳아준다면 얼마나 좋겠어요"
　"나도 그이가 얌전하고 행실도 바르고 해서 싫지는 않소. 그러나 벽진 이씨 집안 체면 때문에 그러는 것이요.
　"체면도 그러하지요. 그러나 자손 귀한 우리 집안에 손자녀석 보게되고 그 아이 출세하면 누가 뭐라 하겠오?"
　"그렇기는 그렇구려"
　"영감! 내 집사람 귀하게 여겨야 남도 귀하게 여기는 것이요. 빨리 날짜 잡아서 혼례식을 올려줍시다."
　"좋도록 하구려"
　이렇게 하여 상범과 춘자는 마을에서 한국식으로 조촐하게 결혼식을 올렸다. 춘자는 남매를 낳았고 상범은 읍내의 중학교 교사로 부임하였다.
　그 많은 땅은 토지개혁으로 거의가 소작인들에게 넘어가서 더 어려운 생활을 하게 되었다. 건강하던 남편 상범마저 6.25의 시련을 지내면서 폐결핵으로 고생하다가 죽고 말았다.
　춘자는 일본의 친정과 가끔 편지왕래가 있었다. 일본 전체가 경제부흥의 물결을 타고 춘자의 친정도 기반을 잡았다. 한일 국교정상화가 되어 춘자의 오빠가 와보고 과부의 몸으로 고생하는 춘자를 일본에 데리고 가려하였다. 그러나 춘자는 홀로 된 시어머님을 모시고 어떠한 어려움이 있어도 남매를 기르겠느라고 다짐하며 일본 가는 것을 반대하였다. 그녀는 일본 친정에서 보내준 돈을 밑천으로 대구 남산동에 있는 일식집 송본식당을 경영하고 있었다.
　바로 이춘자씨가 그 바쁜 중에도 선생님들에게 매일 차 한잔씩

대접하는 주인공이다. 아들은 의대를 나와서 부산에서 병원을 개업하고 딸은 은행에 취직하였다는 이야기를 들었다.
  성주 벽진 이씨 집안에서도 춘자에게 열녀, 효부표창을 하였다. 군수, 시장 등 지방 유지들이 참석한 가운데 마을잔치로서 표창식이 있었다.
  "비록 일본 사람이지만 남편을 따라 이국에 와서 시부모 잘 받들고 정절을 지키고 자녀들을 잘 양육하니 효부이고 열녀이라……"
  이 마쓰모토 하루코씨를 내가 예수 믿고 있을 때 부산의 용두산공원에서 우연히 만났다. 한국말도 유창하고 아주 점잖으며 깨끗하게 늙어가고 있었다.
  아드님이 경영하는 대동병원에 들러서 그녀의 방으로 초대되었다. 마쓰모토 하루코씨는 벽진 이씨 가문에서 준 표창장을 가리키면서

  "일본사람이 한국 사람이 될 수는 없어요. 열녀, 효부 표창으로도 되지 않아요. 상범씨의 사랑이, 아니 혼이 나를 지금도 한국사람의 어머니가 되게 하는 거예요."
  역사의 소용돌이의 징검다리를 나약한 여자의 몸으로 갖은 유혹과 어려움을 이겨내며 자녀를 훌륭하게 키운 그녀, 비록 화려하지는 않지만 어머니의 찬가가 그녀 주위를 감싸고 울려 퍼지는 것 같았다.

나는 이렇게 예수를 믿게 되었다

■
초판 1쇄/ 1990년 2월 28일
초판 7쇄/ 2006년 3월 30일

■
지은이/ 김성화
펴낸이/ 이승하
펴낸곳/ 성광문화사
120-011 서울 마포구 아현동 95-1
☎ (312)2926-8110, (363)1435
FAX-(312)3323
E-mail-Sk1435@chollian.net

■
출판등록번호/ 제 10-45호
출판등록일/ 1975. 7. 2
책번호/ 468
ⓒ S.H. Kim
파본은 교환해 드립니다.
이 출판물은 저작권법으로 보호 받는 저작물이므로
무단전제나 무단복제를 할 수 없습니다.

정가 10,000원

ISBN 89-7252-099-3 03230
Printed in Korea